LE SACRIFICE

DE

L'AMOUR,

OU

LA MESSE DE CYTHERE.

Les deux exemplaires voulus par la loi, ont été déposés à la bibliothèque impériale.

LE SACRIFICE
DE
L'AMOUR,
OU LA MESSE DE CYTHERE;

SUIVI

DU SERMON PRÊCHÉ A GNIDE,

ET D'UN NOUVEAU

DICTIONNAIRE D'AMOUR,

Dans lequel on trouvera plusieurs pièces inédites ou peu connues, telles que l'*Art de prendre les oiseaux, ou les leçons de l'amour*, poëme anacréontique ; les articles les plus piquans du Dictionnaire d'Amour du berger *Sylvain*; la plus grande partie de ceux du Dictionnaire d'Amour qui parùt à la Haye, en 1741 ; et une foule de morceaux extraits des meilleurs écrivains anciens et modernes.

Omnia vincit......

A SYBARIS,

CHEZ L'IMPRIMEUR ORDINAIRE DU PLAISIR.

M. DCCC. IX.

Cet ouvrage se trouve à BORDEAUX, chez *Lawalle* jeune, imprimeur-Libraire, allées de Tourny, n°. 20.

A PARIS,

CHEZ..
- *Guilleminet*, libraire, rue des Fossets-Montmartre, n°. 3, près la Banque de France.
- *Frechet*, libraire - commissionnaire, rue du Petit-Lion-St.-Sulpice, n°ˢ. 21 et 24.
- *Martinet*, libraire, rue du Coq-Saint-Honoré.

A LILLE, chez *Toulotte*, libraire, place d'Armes.

Et à BAYONNE, chez *Fauvet* jeune.

A SOPHIE.

~~~~

C'est à toi, mon amie, dont la vue seule fait naître le plaisir et la volupté, que je dédie cet ouvrage dans lequel respirent, à chaque page, ces deux sentimens délicieux.

***

AVIS

DE L'ÉDITEUR.

LE petit Dictionnaire d'Amour est devenu très-rare; on ne le trouve plus que dans les bibliothèques particulières. Il était urgent d'en donner une nouvelle édition, corrigée et augmentée. En nous chargeant de ce travail, nous avons cru rendre un service essentiel aux fervens adorateurs de Vénus et de son fils chéri. Nous n'avons, au reste, rien négligé pour rendre ce nouveau Dictionnaire digne d'obtenir la faveur du public. Il offre une réunion des articles les plus piquans de celui du berger Sylvain, et de celui qui parut, sans nom

Avis de l'éditeur.

d'auteur, à la *Haye*, en 1741 : nous l'avons, en outre, enrichi d'une foule de morceaux agréables, extraits des meilleurs écrivains. Parmi les pièces de poësie, on distinguera, sans doute avec plaisir, un poëme charmant (*) dont le seul défaut est de ne pas être assez connu. Après l'avoir lu, on sera un peu surpris de l'obscurité dans laquelle il est demeuré enseveli jusqu'à ce jour; on n'aura pas de peine à être convaincu qu'il méritait une destinée moins triste, car le style en est doux, gracieux, et le fond du sujet présente les images les plus fraîches et les plus riantes : c'est un petit tableau digne de l'Albane.

Dans ce siècle de fer, où le vrai culte de Cythère est abandonné, où

(*) L'art de prendre les oiseaux, ou les leçons de l'amour. (Voyez page 245).

Avis de l'éditeur.

les Inighistes rétablis dans une partie de l'Europe, s'efforcent de faire renaître et de propager leur goût insolite, n'est-il pas à la fois nécessaire et pressant que de bons ouvrages viennent soutenir les esprits faibles, et que des exemples salutaires soient mis devant les yeux des fidelles chancelans ? Une émulation généreuse ne doit-elle pas enflammer tous les écrivains orthodoxes, afin que par leurs tendres et vives exhortations, ils ramènent dans l'arche sacrée, les brebis innocentes, que les principes ultramontains éloignèrent de la véritable route du bonheur ?

La Messe de Cythère, le Sermon prêché à Gnide, et notre nouveau Dictionnaire d'Amour sont propres à remplir ce but louable. Puissions-nous apprendre bientôt que leur lecture a opéré beaucoup de conversions sin-

x **Avis de l'éditeur.**

cères parmi les plus grands ennemis de l'aimable et douce religion de l'Amour ! nous serons alors bien récompensés des soins que nous nous sommes donnés, pour réunir les pièces inédites et les fragmens peu connus qui composent ce recueil (*).

(*) *Note du Libraire.* — Il est aisé de s'apercevoir que cet *Avis de l'Éditeur* est écrit depuis long-temps. Des circonstances imprévues, qu'il est inutile de rapporter, ont empêché jusqu'à ce jour la publication de ce recueil. Lorsqu'il nous fut remis pour le livrer à l'impression, les *Inighistes* venaient d'être rétablis dans plusieurs contrées de l'Europe.

L'éditeur, retiré dans une de ses terres, loin de Paris et des grandes villes de province, vient de nous écrire, et nous croyons devoir insérer ici un passage de sa lettre, qui concerne le nouveau *Dictionnaire d'Amour* que nous publions aujourd'hui.

« M^r..... J'ai appris, seulement depuis quinze
» jours, qu'un libraire de Paris, nommé *Chau-*
» *merot*, avait mis en vente, il y a quelques
» mois, un *Dictionnaire d'Amour*. Je vais me
» procurer cet ouvrage, uniquement pour sa-

Suite de la note du libraire.

» voir s'il a quelque ressemblance avec celui
» dont je vous ai confié l'impression. Je serais
» bien trompé dans mon attente si cela était.
» Mon *Dictionnaire d'Amour* n'est pas précisément
» un ouvrage nouveau ; mais un choix fait avec
» soin des meilleurs articles que renferment les
» deux anciens *Dictionnaires d'Amour*. Les addi-
» tions que je me suis permis de faire, ont tou-
» tes été puisées dans les meilleures sources. Je
» m'en suis scrupuleusement tenu à mon titre
» d'Editeur, et je n'ai pas voulu qu'on put me
» reprocher d'avoir déparé les articles très-bien
» faits du berger *Sylvain*, ou de tout autre écri-
» vain estimé, en plaçant entr'eux quelqu'arti-
» cle de moi. Il me semble qu'il n'existait pas de
» meilleur moyen à employer pour captiver l'at-
» tention d'un lecteur difficile, et pour plaire au
» plus grand nombre des lecteurs ordinaires...»

Nous ajouterons, pour notre compte, à cet exposé de l'Editeur, que le *Dictionnaire* de Mr. J. Chaumerot et notre nouveau *Dictionnaire d'Amour*, forment deux ouvrages absolument distincts, qui ne se ressemblent que par leur titre. Il ne nous appartient pas de décider auquel des deux le public doit accorder la préférence ; mais nous pouvons du moins assurer que, tant par le choix des matières qui le composent, que par les pièces inédites qui le précèdent, notre nouveau *Dictionnaire d'Amour* mérite de trouver une place dans la bibliothèque d'un homme de goût.

AVANT PROPOS.

Personne n'ignore que l'Amour avait un temple magnifique dans l'île de Cythère; mais on n'avait pas encore connu la liturgie de son culte. Un jeune Français, qui voyageait en Allemagne, découvrit dans la bibliothèque d'un des plus anciens couvens de la Saxe, un vieux manuscrit à demi rongé par les rats; après en avoir un peu sorti la poussière, il aperçut deux figures emblêmatiques; elles représentaient une jeune fille priant au pieds d'une statue de l'Amour. Aidé d'une bonne loupe et de beaucoup de patience, il vit, avec une joie inexprimable, que ce manuscrit contenait l'explication de toutes les cérémonies journalières du Temple de l'Amour à Cythère. Notre jeune voyageur s'empressa de le traduire; il joignit à son travail plusieurs éclaircissemens tirés de la préface et des notes répandues dans le corps de l'ouvrage. Pour que sa traduction fut plus exacte; il la fit corriger par un savant de l'université de Leypsick, très-versé dans la connaissance des langues anciennes. C'est une copie fidelle de cette traduction qu'on va lire.

INTRODUCTION.

Il existait une liaison très-intime entre les institutions du Temple de Gnide, consacré à Vénus, et celles du temple de Cythère, consacré à l'Amour. Ce dernier était desservi par un collège de douze Prêtres choisis parmis les plus beaux jeunes hommes de l'île, de l'âge de vingt à vingt-six ans ; leur fonction la plus importante et la plus agréable à la fois, était celle d'élire les Prêtresses pour le temple de Vénus à Gnide. Il n'est pas besoin de dire le soin particulier qu'ils mettaient à faire un pareil choix. Il fallait que celle qu'ils désignaient Prêtresse fut une fille de quinze ans, qui eut vécu jusqu'à cet âge dans une ignorance profonde des plaisirs de l'Amour. C'était seulement la veille de son départ pour Gnide, qu'un des prêtres était chargé de les lui faire connaître.

Le jour où la jeune fille devait être initiée aux doux mystères de la Volupté, des femmes la dépouillaient de ses vêtemens; elles s'assuraient par un examen long et sévère, si son corps était formé sur le modèle des grâces, et s'il n'était pas affligé de la moindre imperfection; alors, elles la proclamaient *Sulamite*, c'est-à-dire, digne par sa beauté d'être Prêtresse de Vénus.

Elles la mettaient ensuite dans le bain et faisaient couler sur son corps les essences les plus précieuses et les plus rares. Leurs mains industrieuses pétrissaient sa chair ; par ces légers attouchemens, elles voulaient lui donner une idée des sensations délicieuses que fait éprouver le toucher. Puis, elles la revêtissaient d'une robe nuptiale et l'introduisaient par une porte secrète dans une chapelle mystérieuse, où se trouvaient une vingtaine de spectateurs choisis pour être témoins du sacrifice.

L'ameublement de la chapelle était fort simple. Au milieu, une statue de l'Amour; sur le côté droit, un grand tableau caché par un rideau ; dans l'enfoncement, un lit de repos, à demi ouvert, et qui laissait entrevoir trois glaces, une à la tête, une aux pied, et une autre au ciel du lit.

Le Prêtre qui devait consommer le sacrifice était à genoux aux pieds de la statue de l'Amour. Quand la jeune Sulamite entrait, il se levait, et d'un air caressant il la prenait par la main; puis, tous les deux, à côté l'un de l'autre, les yeux religieusement fixés sur la statue de l'Amour, ils commençaient la cérémonie de la manière suivante :

LE SACRIFICE

DE

L'AMOUR,

OU

LA MESSE DE CYTHERE.

Le Prêtre.

Au nom de l'Amour, du Plaisir et de la Volupté.

La jeune Sulamite.

Je m'approcherai de l'autel du Dieu d'Amour, du Dieu qui réjouit le matin de mes ans, et remplit mon cœur d'un doux desir d'aimer et d'être aimée.

Le Prêtre.

Amour juge moi ; sépare ma cause de celle des hommes que tu as abandonnés sans leur faire connaître les ravissans plaisirs dont tu combles tes fidelles serviteurs ; délivre-moi des embûches que me tend l'Indifférence, pour m'arracher à ton culte.

Fais luire toujours à mes yeux la lumière de la vérité. C'est cette divine lumière qui me conduisit dans ton temple sacré, l'asile de la joie et du bonheur.

La jeune Sulamite.

Je m'approcherai de l'autel du Dieu d'Amour, du Dieu qui réjouit le matin de mes ans, et remplit mon cœur d'un doux desir d'aimer et d'être aimée.

Le Prêtre.

Je chanterai tes louanges sur la harpe, ô Amour! ô mon Dieu! la Volupté, le Plaisir vont m'inspirer les plus doux accens.... Mais quel trouble me saisit ? J'éprouve un frémissement secret...... Qui pourrait m'agiter ?

La jeune Sulamite.

J'implorerai pour vous l'Amour; il daignera écouter ma prière; il vous facilitera l'entrée du lieu charmant que vous êtes appelé en ce jour à visiter : et à moi-même, il me donnera la force de souffrir les plus vives douleurs : depuis mon enfance, sa main généreuse me combla de bienfaits ; pourrait-il me refuser !...

Le Prêtre.

Gloire soit à l'Amour, au Plaisir et à la Volupté.

La jeune Sulamite.

Comme il fut dans tous les temps et dans tous les siècles.

Le Prêtre.

(Il prononce, d'un air repentant, les paroles suivantes, que la jeune *Sulamite* répète) :

Je me confesse à toi, tendre Amour, à Vénus, ta mère bien aimée, à toutes les ombres amoureuses que ta divine bonté daigna placer dans le séjour céleste, où tu règnes entouré des Ris et des Jeux. Je me confesse à l'immortelle *Sapho*, victime infortunée que tu sacrifias à ton redoutable pouvoir; à la triste *Biblis*; à la malheureuse *Pasiphaé*; à la trop sensible *Ariane*; à *Phèdre*, sa coupable et tendre sœur. Je me confesse de tous ces péchés charmans que j'ai commis en idée. Je l'avoue, en rougissant, c'est par ma faute, par ma propre faute, par ma très-grande faute. C'est pourquoi je conjure la bienheureuse Vénus, toujours bonne, toujours compatissante aux faiblesses de l'humanité, d'intercéder pour moi, l'Amour, son fils chéri, afin qu'il daigne me pardonner et conduire mon ame, après ma mort, dans sa brillante demeure, palais enchanteur où habitent tous les plaisirs et toutes les voluptés dont nous n'avons sur la terre qu'une faible image.

Le Prêtre.

Amour, aimable Amour, tourne vers nous des regards de bienveillance : ils nous donneront la vie et le bonheur.

La jeune Sulamite.

Et mon cœur s'épanouira d'aise et de joie.

Le Prêtre.

Amour, écoute ma prière, qu'elle s'élève jusqu'à toi.

La jeune Sulamite.

Que mes cris puissent t'attendrir, ils partent du fond de mon cœur.

Le Prêtre.

(Il s'aproche un peu du lit nuptial, il regarde amoureusement la jeune Sulamite, et lève les yeux au ciel en s'écriant :)

Amour efface tout ce qui est impur en moi. Je m'approcherai alors sans trouble de l'asile solitaire, orné d'albatre et d'ébène, au milieu duquel tu caches une rose que je dois cueillir avant la fin du jour.

La jeune Sulamite.

(Elle est colorée du plus vif incarnat ; elle répond en tremblant :)

O Amour ! épargne-moi ! aie pitié de moi !....

(Les assistans animés d'un saint transport chantent le cantique suivant :)

Gloire à l'Amour dans le Ciel ! la douce paix habite le cœur des hommes qui suivent tes volontés ; ô aimable maître de nos ames ! nous te louons, nous t'adorons ; nous célébrons en triomphe tes victoires sur les cœurs rebelles à tes lois ; nous admirons les justes punitions que tu infliges à ceux qui osent te mépriser : tes vengeances ont montré à l'Univers ta puissance infinie. Divin Amour, roi du ciel et des astres, père universel, fils unique de Vénus, la reine des grâces ; enfant chéri qui vient habiter dans nos cœurs et les remplir de mille jouissances délicieuses, prends pitié de tes plus chères créatures; regarde avec douceur l'œuvre de tes mains………… Nous mettons en toi toute notre confiance ; nous nous abandonnons à toi seul sans réserve. Que notre fidélité à suivre tes divins commandemens, nous rende digne de venir habiter après notre mort le séjour où tu règnes, au milieu des ombres fortunées qui vécurent dans le sein de tes plaisirs.

Le Prêtre.

Amour, permets aujourd'hui, que je m'unisse de cœur avec ceux qui réunis dans ce lieu, te demandent tes plus chères faveurs. Non que par nos mérites nous en soyons dignes, mais nous reposant sur ta divine bonté, nous nous jettons avec confiance dans tes bras paternels.

Du haut de la voûte azurée, reçois le serment que je fais de ne vivre que pour toi seul, de consacrer à ton culte les brillantes années de ma jeunesse, de ne penser, de ne respirer que pour t'aimer. Tu daignas laisser tomber sur moi des regards favorables ; tu me distinguas de la foule des hommes, pour m'élever jusqu'à la connaissance de la vraie religion. Ah ! si jamais je pouvais t'oublier, que mes yeux se ferment à la lumière, que ma main se dessèche, que mon cœur se glace, que je devienne insensible aux plaisirs de la Volupté, que tout meure en moi, hors le remord rongeur, pour me déchirer éternellement, et renouveller l'affreux supplice de Promethée.

(Un des assistans tire le rideau qui cache le grand tableau où est peinte l'histoire de Vénus et de l'Amour. La jeune Sulamite considère cette peinture avec un regard curieux. Le Prêtre se lève et dit :)

En ce temps-là Vénus naquit dans le sein de l'onde. Les flots de la mer en la caressant, la portèrent sur la terre. Les Heures à qui on la confia, lui donnèrent une éducation parfaite. Elles la conduisirent au Ciel, entourrée des Ris et des Jeux. Les Dieux enchantés de sa beauté ravissante, voulurent tous l'épouser, mais Jupiter exigea que son fils, le Dieu des forges de Lemnos, le noir Vulcain, eut la préférence. Le Dieu des héros, Mars plus heureux, toucha son jeune cœur; et de leur union clandestine, il naquit l'Amour dont nous célébrons aujourd'hui les mystères. Cet enfant céleste, volage dès sa naissance, s'enfuit de la cour des Dieux. Une foule immense de peuple l'aperçut qui voltigeait dans les airs. Bientôt il se reposa sur le sommet d'un coteau de cette isle. Par un mouvement spontané, les mains s'élevèrent vers lui, tous les genoux fléchissent, et l'aimable enfant enchanté de tant de marques, de respect et de tendresse, fit entendre d'une voix mélodieuse ces douces paroles que nous nommons les sept Béatitudes :

Bienheureux les esprits simples qui n'ayant jamais connu mes ennemis, vivent sans trouble dans le sein des plaisirs ; car mon palais sera le séjour qu'ils viendront habiter après leur mort.

Bienheureux les cœurs doux et tendres, qui s'abandonnent avec confiance aux promesses d'une amante adorée ; car pour prix de leur confiance, je leur accorderai le don de persuader plusieurs maîtresses à la fois, sans aucun doute de leur sincérité.

Bienheureux ceux qui loin de l'objet de leur tendresse, pleurent à la vue du pays immense qui les en sépare ; car je leur ferai trouver une douceur infinie à verser ces larmes.

Bienheureux les jeunes amans qui portent dans leurs cœurs le desir d'aimer et d'être aimés ; car ils seront satisfaits. Bientôt ils vivront sous les plus douces lois : Je leur choisirai moi-même une maîtresse qui leur fera sans cesse goûter de nouveaux plaisirs.

Bienheureux les infortunés qui, oubliant le malheur d'être trompés, pardonnent généreusement à celui par qui fût séduit le tendre objet de leur affection ; car ils pourront succomber à la tentation d'être volages, et je leur ferai trouver des cœurs pleins d'indulgence et de miséricorde.

Bienheureux les cœurs sensibles qui se livrent sans réserve au besoin d'aimer, et fuyent tous les autres plaisirs ; car je me ferai connaître à eux, et les remplirai, au comble de la volupté, du désir et de la force de les goûter encore avec une nouvelle ardeur.

Bienheureux ceux qui naissent sans le secours du froid Hymen, mon éternel ennemi, car je leur donnerai ma beauté, et à leur air vif et charmant, on dira toujours: voilà un enfant de l'Amour....

La jeune Sulamite.

Louange à l'Amour et à Vénus sa mère.

Le Prêtre.
(Animé d'une amoureuse inspiration, il s'écrie avec feu) :

Je crois en l'Amour, divinité toute puissante, qui tira du néant, et le Ciel et la Terre ; qui anima, par son soufle créateur, tout ce qui vit, tout ce qui respire dans l'univers. Je crois au Plaisir, son fils chéri, qui naquit de la Volupté, vierge céleste dont les charmes sont toujours nouveaux. Je crois aux souffrances de la belle Psyché, aux angoisses que lui fit éprouver la jalouse Vénus; je crois à sa descente aux enfers où les trois cruelles filles de la Nuit ne cessèrent de la déchirer de leurs fouets homicides; je crois à la mort de ses divins appas, qui, meurtris par des coups inhumains, devinrent du plus beau noir d'ébène; je crois à sa mort et à sa résurrection, par la puissance de Vénus, dont la colère fut enfin appaisée à la vue de la douceur inaltérable de sa victime; je crois au pardon que lui accorda cette déesse, qui la fit monter au ciel sur son char traîné par ses fidelles colombes, et la plaça à la droite du Dieu d'Amour, son fils bien aimé; je crois à tous les charmans mystères chantés par Hésiode et Ovide ; je crois à l'union intime du cœur des amans ; au pardon de ces fautes aimables, qui font tant de plaisir à commettre ; je crois à la résurrection des êtres insensibles aux attraits de la Volupté, affreuse situation de l'ame qui est une image véritable de la mort.

(Le Prêtre s'approche de la jeune Sulamite, et la prenant dans ses bras, il l'élève devant la statue de l'Amour :)

Reçois, ô Amour, Dieu tout-puissant et éternel, cette victime sans tache que je vais initier à tes plus doux mystères. Fais qu'après avoir goûté dans mes bras, pour la première fois, tes délicieux plaisirs, elle ne vive désormais que pour être fidelle, que pour t'aimer et t'adorer.

(La jeune Sulamite va chercher un vase rempli d'une essence précieuse ; elle en verse sur les mains du Prêtre qui dit, pendant cette cérémonie :)

Mes mains seront lavées par celles des grâces. Cette purification me rendra digne d'approcher du sanctuaire impénétrable à l'œil du jour. Jeune et aimable Sulamite, bientôt je pourrai publier vos louanges ; bientôt je pourrai porter le trouble dans le cœur de ceux qui m'entendront chanter les appas secrets que recèle votre beau corps.

Amour, dès mon enfance, j'ai chéri la beauté. Mon sein a palpité à la vue de ces monts d'albâtre que tu formas de tes mains et que tu fixas près du cœur, en enfonçant au milieu de chacun d'eux un clou à tête de bouton de rose. Depuis lors, j'ai marché dans les sentiers de l'innocence ; j'ai demeuré ferme dans la droite voye; j'ai vu toujours avec horreur les hommes abominables qui ont pris le chemin du crime, si voisin, hélas ! de celui qui mène au temple du vrai bonheur.

(Il donne à la jeune Sulamite un baiser sur le front).

La jeune Sulamite.

Que la volonté de l'Amour soit faite en ce jour, comme dans tous les temps et dans tous les siècles.

Le Prêtre.

Il est juste, il est équitable, et digne d'un cœur reconnaissant de te rendre grâce, Amour, en tous temps, en tous lieux. C'est toi qui nous donna la vie, qui mis en nous cet attrait irrésistible pour les plaisirs, qui forma la Volupté pour nous enivrer de mille sensations douces et vives, qui remplis notre imagination de desirs sans cesse renaissans, et nous accordas la force de les satisfaire; c'est toi qui abattis aux pieds d'Omphale, Hercule, le redoutable vainqueur des monstres de la terre; qui inspiras à Thésée et à Pirithoüs le projet audacieux d'enlever l'épouse du Dieu des Enfers; qui armas la Grèce et l'Asie pour la beauté d'Hélène; Amour, divin Amour, l'univers entier publie hautement ta puissance. Tu la fais sentir aux Dieux et aux hommes; tu la fais sentir au lion courageux, au tigre inhumain, à la brebis innocente, au papillon volage, à l'insecte invisible à tous les regards. Les rossignols chantent d'une voix mélodieuse leur tendre ardeur; la douce colombe agite ses ailes de plaisir près du ramier fidelle qui la caresse de son bec amoureux; enfin dans les airs, sur la terre, sous les eaux, tout ce qui existe se réunit pour entonner en chœur ce concert de louanges :

Saint, Saint, trois fois Saint est le Dieu d'Amour! que sa gloire immortelle soit célébrée dans tous les cœurs ; que la nuit et le jour notre reconnaissance lui offre sans cesse de nouveaux sacrifices ; que le murmure ravissant de nos baisers lui annonce notre ardeur amoureuse ; que les cris d'une pudeur mourante s'élèvent jusqu'à lui, et qu'ils soient le signal de son triomphe sur la beauté timide!!....

La jeune Sulamite.
(Par un pouvoir presque magique, elle paraît dévorée d'un désir brûlant ; elle dit au Prêtre) :

Heureux ministre du Dieu d'Amour, je suis prête à faire la volonté de notre divin maître; parlez, et victime dévouée, je porterai à l'autel des appas que ne virent jamais les regards d'un mortel.

Le Prêtre.

(Il regarde tendrement la jeune *Sulamite*).

L'heure fortunée approche, où je vais, d'une main heureuse et hardie, caresser des formes sur lesquelles ne s'est pas encore arrêté l'œil profane du désir. Amour, comme les fleurs dans les champs, tu répandis sur son corps d'albâtre les charmes qui vont m'enivrer d'un torrent de plaisirs, donne-moi assez de forces pour en savourer toutes les délices; que je ne meure pas en ce jour dans le sein de la Volupté....

(Sa voix prend un ton plus grave, et c'est, avec recueillement, qu'il prononce ce qui suit) :

Amans heureux, répandus sur la

terre, qui vivez dans le sein d'une union chérie, redoublez, s'il se peut, vos tendres caresses ; célébrez les leçons de votre divin maître par des chants d'alégresse et de joie. Le cœur animé d'un saint transport, offrez le soir et le matin un sacrifice, non-sanglant, sur l'autel du Plaisir et de la Volupté, sanctuaire adorable, retraite céleste que l'Amour créa lui-même, plein d'une extase divine, pour faire connaître la félicité à ses disciples, et le vrai bonheur à tous les hommes.

Amour, souviens-toi de tes serviteurs, garde leur une place dans ton aimable Paradis ; que tes regards généreux se reposent sur les infidelles qui méconnaissent tes douces lois. Asssez punis d'être insensibles aux ravissans plaisirs dont tu nous combles, dissipe les nuages épais qui cachent à leurs yeux la vérité ; remplis le cœur de ces infortunés des desirs qui agitent si délicieusement le mien en ce moment, et, je te le jure, tu n'auras plus de rebelles à ton culte : on volera au-devant de tes fers.

Pour moi qui n'éprouvai jamais que tes bontés, qui vis ma brillante carrière couverte de fleurs, que tu semas sous mes pas, je ne te demande que la grâce de persévérer jusqu'aux dernier jour de ma vie dans mes pieux sentimens....... Lorsque mes sens se glaceront, que le froid de la mort coulera dans mes veines et pénétrera dans mon sein, conduis près de moi une de ces beautés enchanteresses, l'ornement de la nature, fais poser sur mon cœur sa main caressante; tu verras alors mon regard éteint se ranimer aux portes du trépas, pour s'arrêter encore sur elle. Je m'endormirai, il est vrai, du sommeil éternel, mais par une douce et trompeuse illusion, je croirai le faire dans les bras de la Volupté. Ombres amoureuses, Adonis, Hélène, Didon, Psyché, Sapho, vous me recevrez parmi vous. Placé dans le séjour de la paix et du bonheur, je pourrai goûter des plaisirs sans fin, dont les nôtres ne sont qu'une faible image, et je ne craindrai plus le triste dégoût, ennemi mortel de cette vie passagère.

(La jeune Sulamite émue de l'air divin répandu dans les traits du Prêtre, se prosterne à ses pieds ; celui-ci la relève avec douceur ; il s'assied, et la prend sur ses genoux ; d'une main amoureuse, que conduit le desir, il commence à lui ôter ses habits. Quand il est arrivé à ce dernier vêtement de la pudeur, qui cache à peine les plus secrets appas, il s'arrête, comme frappé du grand sacrifice qu'il va bientôt consommer, et s'écrie :)

« Amour, Amour ! tu le veux ! eh bien, cette fleur faiblement épanouie va être arrachée ; ce beau lys va se changer en rose !!.... Encore un moment, les cris de la victime perceront la voûte azurée, et tu seras vainqueur de l'innocence. »

(La jeune Sulamite, toute nue, n'a plus, pour robe, que ses beaux cheveux blonds qui flottent au gré d'un Zéphir volage, sur ses épaules et sur son sein ; ils sont si épais et si longs qu'ils cachent presque sa gorge d'albâtre ; à travers, pourtant, on voit percer deux frais boutons de rose, que les yeux fixent avidement. Le Prêtre alors saisissant cette victime, pure et sans tache, qui va être offerte au Dieu d'Amour, la coule dans ses bras et la présente pendant trois fois, ainsi nue, aux yeux des assistans ; ceux-ci frappés d'un saint transport, tombent tous à genoux et baissent la tête jusqu'à terre. Le Prêtre la porte après sur le lit de repos, et, prosterné à ses pieds, il prononce trois fois ces paroles, en se frappant la poitrine :)

Amour, je ne suis pas digne que tu me fasses entrer dans ce lit où repose la volupté. La beauté ravissante de cette créature enchanteresse est faite pour toi. Comparable à celle de Psyché, elle pourrait te faire oublier l'innocent objet de la haine de ta mère.... Mais, que dis-je ! que dis-je, insensé ! n'écoute pas ma faible prière ; ne ravis pas à mes brûlans désirs un trésor si précieux ; laisse échapper un seul mot de ta bouche adorable, et je serai digne de cueillir cette tendre fleur.

On répète ce verset trois fois.

(Le Prêtre reste encore un moment à côté du lit, prosterné aux pieds de la Sulamite; il semble méditer profondément sur le plaisir qu'il va goûter; il se lève et s'assied sur le lit de repos, très-près de la jeune Sulamite. Un des assistans s'approche, et tire les rideaux du lit sur eux.

Un grand silence règne dans toute la chapelle. Bientôt, il est interrompu par un murmure de baisers de feu, de soupirs entrecoupés. Un cri s'est fait entendre ; il a retenti dans tous les cœurs......... Amour, Amour, tous tes vœux sont satisfaits, tu es vainqueur !
....
....

Deux assistans s'avancent, et portent des vêtemens légers qu'ils glissent sur le lit. Les deux amans en sortent un moment après. La jeune Sulamite appuie languissamment sa tête sur le bras du prêtre ; ses joues sont colorées du plus vif incarnat ; elle considère son vainqueur avec un regard tendre, où se peint tout son amour. Le Prêtre enchanté de son triomphe, la presse contre son sein ; il lui donne un dernier baiser sur la bouche; il se tourne vers les assistans, et leur dit :)

Amans qui m'écoutez, que chacun de vous répète jusqu'au dernier de ses jours, les jeux charmans dont je viens de donner la première leçon à cette beauté divine, si bien digne, à présent, d'aller à Gnide remplir les fonctions de Prêtresse de Vénus, la mère de l'Amour, notre aimable maître.

(Les assistans chantent en chœur) :

Nous te le jurons, tendre Amour, tes plaisirs ravissans feront désormais notre seule occupation. La nuit et le jour, nous nous enivrerons à l'envi des délices de la Volupté.

Le Prêtre.

Disons, avant de nous séparer, la prière favorite de notre divin maître :

Dieu puissant du plaisir, délices et tourment de la vie, toi qui règnes sur la terre et dans les cieux, que ton nom adorable soit sanctifié. Fais que le temps heureux de ton pouvoir arrive pour les infortunés qui languissent encore dans l'ignorance de ton culte. Que ta suprême volonté soit faite sur toute la terre.

Que rien de ce qui vit, de ce qui respire, n'échappe à tes lois. Donne-nous chaque jour la jouissance de celle que nous aimons. Que ta bonté daigne pardonner aux infidelles l'oubli de ta divine religion, comme nous pardonnons les caprices vains d'une maîtresse chérie. Ne nous laisse pas succomber à la séduisante tentation de devenir volages.....

La jeune Sulamite.

Mais délivres-nous de la triste indifférence, la mort spirituelle du cœur.

Le Prêtre.

(Il adresse cette prière à *Vénus*):

Je te salue, ô Vénus, source de volupté, source de toutes les délices de la vie ; je te salue, ô toi qui répands en nous ce doux frémissement, précurseur d'un plaisir indicible ! Tendre Vénus, mère de l'Amour et des Grâces, je t'implore auprès de ton Fils bien aimé ; fais que par ta divine protection, nous puissions obtenir de lui la grâce de voir brûler, en nos cœurs, le feu sacré de la jeunesse jusqu'à notre dernière heure.

(Il s'adresse à la jeune Sulamite :)

« Aimable et douce Sulamite, je viens de goûter dans vos bras les plaisirs les plus vifs de la vie ; vous m'avez fait boire dans la coupe de la Volupté, et je me suis enivré d'un torrent de délices. Pour vous, la douleur a été votre partage, vous n'avez éprouvé que légèrement les vives émotions qui ont rempli mes sens d'une jouissance céleste.......
Mais rassurez-vous, les portes du plaisir sont ouvertes, le sanctuaire de l'Amour était fermé, il ne l'est

plus ; désormais on pourra y offrir des sacrifices, et vous partagerez les transports du fortuné mortel à qui vous accorderez cette faveur inappréciable.

O ! jeune Sulamite, n'oubliez jamais ce que vous devez à l'Amour ! que les grâces, dont il vous combla, soient toujours présentes à votre esprit reconnaissant ; il voulut que votre sexe portât seul un autel animé sur lequel on eût la facilité de lui présenter à chaque instant des offrandes ; vous seriez donc bien coupable, si une seule fois vous refusiez à un fervent adorateur la permission de lui offrir un sacrifice.

Vous allez être bientôt Prêtresse d'un temple consacré à Vénus, et sur-tout à son fils bien aimé. C'est alors qu'il faudra que vous donniez des preuves de la plus grande complaisance, de la plus grande docilité ; car l'homme, créature légère et inconstante, adore l'Amour de mille manières. Vous serez obligée de vous prêter à ses bizarres caprices. Peut-être rencontrerez-vous durant le cours de votre vie, quelques-uns de ces infames mortels, qui fuyant l'aimable chapelle où l'Amour desire uniquement qu'on le fête, voudront lui présenter leurs hommages dans un temple affreux, quoique les environs en soient si beaux! Repoussez avec horreur une telle abomination ; qu'un profond mépris soit la juste récompense de leur apostasie aux doux mystères de la Volupté.

(Il se tourne vers les assistans.)

Allez enfans du plaisir et de la joie, retournez à vos jeux, le sacrifice de l'Amour est consommé....
consommatum est.

48 LE SACRIFICE DE L'AMOUR.

(*Les assistans s'en vont et chantent en chœur:*)

Nous te le jurons, tendre Amour, tes plaisirs ravissans feront désormais notre seule occupation. La nuit et le jour, nous nous enivrerons à l'envi des délices de la Volupté!

Fin de la Messe de Cythère.

SERMON

PRÊCHÉ A GNIDE,

A LA

CÉRÉMONIE DU MAI,

Par le berger SYLVAIN.

On n'aime plus comme on aimait jadis.
(*Ces paroles sont tirées d'une balade de madame* Deshoulières).

Mes chers auditeurs,

Ils ne sont plus ces jours rappelés si souvent et si infructueusement ; ces jours où l'Amour était la grande affaire de la vie ; où la tourterelle innocente servait d'exemple aux amans ; où l'on s'attachait aussi constamment que la vigne et l'ormeau ; où l'on n'avait pas besoin de serment pour être fidelle ; où le plaisir servait d'aliment à l'Amour, après en avoir été le gage; où l'on ne vivait que pour aimer. Hélas ! on n'aime plus aujourd'hui que pour vivre., (si l'on peut s'exprimer ainsi).

Gnide, séjour du véritable Amour, ton règne est détruit ; on a oublié le chemin qui mène à ton temple ; son enceinte est déserte, son sanctuaire avili, et ton culte négligé ; on ne vient plus en foule à tes solennités ; à peine te reste-t-il un petit nombre de cœurs fidelles, pour en conserver la mémoire ; les ronces croissent sur ton autel où jadis fleurissait la rose.

Bienfaiteur de l'univers ! Amour !

Amour ! tu n'as fait qu'un ingrat.

On n'aime plus comme on aimait jadis.

Que de Phaons ! il n'est plus de Saphos. Qu'il naisse une Laure ! il naîtra un Pétrarque. Mais, d'où peut venir ce désordre ? Pourquoi ce relâchement dans nos mœurs ? Nous sommes Français, et nous ne saurions plus aimer ?

Temps héroïques de ma patrie, qu'êtes-vous devenus ? Tendres chevaliers ! et vous, amantes généreuses ! que diriez-vous, si vous reveniez parmi nous ? Comme vous rougiriez de notre siècle en traversant nos faubourgs ! Comme vous seriez indignés en pénétrant dans nos villes ! De mesquines pantomimes ont remplacé les nobles exercices de vos galants tournois : le panache du guerrier est arboré sur la tête légère de nos belles, et les anneaux flottans d'une chevelure efféminée, ornent le front mignard de nos héros de ruelles (*). De vos jours, l'Amour était ami de la gloire; alors, il fallait passer par le temple de l'Honneur, pour arriver au palais des Plaisirs, et Vénus ne prodiguait ses caresses qu'à Mars. Un vil histrion ne partageait pas encore avec un héros la couche de la beauté, et la beauté, plus fière de ses droits, ne daignait pas ramasser le mouchoir jeté mal-adroitement par un lourd favori de Plutus. Comme on aimait alors ! la vérité nous arrache quelquefois cet humiliant aveu. Inférieurs en tout aux siècles passés, nous le sommes sur-

---

(*) Ce sermon a été prêché long-temps avant la révolution. On doit s'en apercevoir aux reproches que l'on adresse aux guerriers du 18e. siècle ; les guerriers de ce siècle ne savent pas malheureusement bien aimer, mais du moins ils savent vaincre ; l'Europe est à leurs pieds.

tout en Amour. Opposons une forte digue à ce torrent ; rappelons les vrais principes ; appuyons-les par de grands exemples : c'est la matière de ce discours. Mais, avant d'aller plus loin, réclamons tous la protection de la bienheureuse Vénus, mère de notre divin maître, et récitons le premier couplet de son chant favori :

>Aime demain qui n'a jamais aimé ;
>Qui fut amans, demain le redevienne !
>Gloire au printemps ! il revient, il ramène
>Des jeunes cœurs le cortège embaumé,
>Les jours sereins, la gaîté, l'harmonie,
>L'Amour, enfin, ce nectar de la vie.
>..
>Demain le Ciel tranquille, radieux,
>Ne voit qu'Amour et baisers chez les Dieux,
>Ne voit qu'Amour et baisers sur la terre.
>Demain Vénus, entre les arbrisseaux,
>Où l'eau du Ciel se résout en feuillages,
>Vient enlacer de verdoyans roseaux,
>Pour recevoir et cacher nos hommages.
>Demain Vénus, au monde ranimé,
>Dicte ses lois et parle en souveraine.
>
>   Aime demain, etc.

Sermon

Première partie.

Beautés de tout âge, prêtez-moi votre attention dans un sujet qui vous est entièrement consacré pendant la solennité du Mai. Je serai trop récompensé, si deux cœurs sensibles, pénétrés du feu qui m'anime, montrent, dans un siècle infidelle, deux amans constans.

Et toi, au ministère duquel je consacre ma vie entière; toi, qui m'attachas à ton culte, par une vocation qui n'est point équivoque : Amour ! viens m'inspirer; donne moi cette éloquence brûlante, que met dans la bouche d'Héloïse le docteur genêvois; ou ces couleurs mâles que tu prodiguas à ce législateur moderne, qui courba sa tête sous ton joug, et qui, avant moi, et mieux que moi, éleva un monument immortel à la gloire du temple de Gnide.

« Tout est amour dans l'univers. Depuis le premier des astres, jusqu'au dernier des atômes ; tout aime. Des satellites nombreux courtisent la souveraine des nuits, qui elle-même (mais non sans rivale,) adore le roi du jour. Par une attraction perpétuelle, le père de la lumière aime et féconde la terre. Cette mère commune embrasse dans son sein l'élément humide, et l'air est l'amant de la flamme qui meurt quand elle en est privée. Tout aime, même les êtres inanimés.

Les montagnes enfantent ces blocs de marbre qu'on arrache avec tant de peine de leurs vastes flancs. La pierre aimantée attire les métaux, et le fer pesant a des ailes pour la suivre. Tout aime, tout est amour ! Qu'un seul être cesse d'aimer, la chaîne immense, qui lie la nature, se rompt, et tout est détruit.

L'Amour n'est donc pas seulement un devoir, il est encore une nécessité.

Que serait l'univers sans l'Amour ? C'est lui qui met l'harmonie dans toutes ses parties ; qui, par un charme indéfinissable, oblige chaque être à demeurer dans la classe qui lui est assignée, à y demeurer avec plaisir, à chérir cette harmonie, mère du bonheur.

Aimons donc aussi ; en établissant l'Amour, pour l'amé de son grand ouvrage, la nature a sûratout eu en vue le cœur de l'homme. L'homme doit aimer dans tous les instans de sa vie, hélas! trop peu étendue.

A peine sorti des flancs de sa mère, il caresse son sein ; l'Amour paternel veille auprès de son berceau ; l'Amour filial un jour lui donnera encore un baiser, en marchant vers la tombe. A chaque âge, il trouve un objet cher à son cœur. Vieillard, il a des enfans, des amis; moins avancé en âge, une femme tendre exige tous ses soins; enfant, il a une mère, des parens, des maîtres; dans la jeunesse..... c'est ici le règne de l'Amour, de l'Amour proprement dit. Mais roi de l'univers, l'homme doit lui donner le ton; il doit aimer avec plus de perfection que le reste des êtres; ils n'ont que des sens comme nous; mais plus qu'eux, nous avons un cœur. Laissons le roi des forêts rugir dans son antre, auprès de sa compagne offerte par le hasard.

Parmi nous, que le penchant préside à notre choix, et le mystère à nos plaisirs. Le mystère est à l'amour, ce que la modestie est à la beauté. Que les amans vivent en époux, et les époux en amans!

et comme dit un de nos docteurs, le plus consommé dans l'art d'aimer : (*le Gentil-Bernard*).

Qu'ici l'Amour, épurant son système,
Nud, mais décent, plaise à la pudeur même ;
Que Vénus donne à Vesta des desirs,
Je veux des mœurs compagnes des plaisirs.

Seconde partie.

Vous, sexe, qui commandez à l'autre, n'abusez pas de votre empire ; ne vous jouez pas des sentimens que vous faites naître. Voulez-vous être bien aimées, aimez bien vous-même.

On dédaigne ces femmes faibles qui étendent leur sensibilité sur tous les êtres, et qui n'en ont plus pour répondre à celle de leur amant ; qui, placées entre lui et une volière, pleurent la nuit d'une linotte, et plaisantent sur les chagrins amers d'un cœur qu'elles ont rendu malheureusement sensible; qui prodiguent au bec, souvent perfide, d'un perroquet lascif, les baisers ardens qu'elles refusent aux lèvres enflammées d'un amant délicat; et qui font reposer sur leur sein la masse informe d'un barbet, et repoussent avec dédain la main de l'Amour, autorisée par cet exemple.

Loin de nous aussi, ces êtres qui avilissent l'Amour, sentiment trop élevé pour leur ame trop étroite; qui compromettent sa dignité par de basses plaisanteries, et le dégradent par des turpitudes.

Mais conservons tout notre dédain et toute notre aversion pour ces beautés méprisables, que les plaisirs grossiers ont flétries avant le temps; qui semblent n'avoir que de l'instinct, et font douter de l'espèce où l'on doit les ranger.

On ne connaissait pas ces tristes

images pendant ces jours heureux qu'on appelle siècle d'or, et auquels on ne croit plus. L'Amour alors était un sentiment vif, pur, délicat et tendre, qui plaçait successivement, et quelquefois en même-temps, le sourire sur les lèvres, et les douces larmes dans les yeux. C'était un sentiment noble et désintéressé, qui dominait sur tous les autres, mais qui n'employait son ascendant sur eux, que pour les élever jusqu'à lui, et leur donner cette chaleur, cette activité, cette énergie dont ils manquent souvent sans lui.

On appelait alors amans, deux êtres estimables, doués des mêmes inclinations, d'un caractère semblable, et n'ayant de goût que pour les mêmes plaisirs ; c'étaient deux êtres qui n'existaient que l'un pour l'autre, qui se sacrifiaient l'un à l'autre, et qui n'étaient heureux que l'un par l'autre. Mais plus j'en dirai, moins je serai entendu : on me renverra à ma chimère ! Manes sacrés des Gabrielle de Vergi, des Sorel, des Héloïse, des d'Estrée, des la Vallière, c'est vous que j'atteste ici ! le flambeau du véritable amour s'est-il donc éteint pour toujours sous vos cendres ? Hélas ! de tous les attributs de l'Amour, nous n'avons conservé aujourd'hui que les ailes ; et je suis obligé d'en revenir à mon texte :

On n'aime plus comme on aimait jadis.

O Amour ! ame du monde, père du bonheur, divinité universelle, exauce la fervente prière de ton ministre le plus zélé. Veille sur ma patrie ; dans quel lieu de la terre ton nom a-t-il été plus honoré que parmi les Français : ne permets pas que ton culte y soit négligé ; ne permets pas que la vaine coquetterie élève avec orgueil un autel sur les débris du tien : chasse de ton temple ton ennemi, l'amour-propre, et un autre plus moderne, plus puissant encore, l'égoïsme. Du haut de l'Empirée où tu présides à ce vaste univers, agite sur nos têtes ton flambeau divin ; fais en pleuvoir sur nous les étincelles brûlantes ; descends dans le sein de nos belles ; allumes y tes feux bienfaisans ; et de nous, fais un peuple d'amans heureux. Et toi,

Source du sang français, charme de l'univers,
Toi, qu'adorent les dieux, toi, qui du haut des airs,
Fais couler à longs traits, une sève féconde,
Dans les flancs de la terre et dans le sein de l'onde ;
Principe de la vie et mère de l'Amour,
Immortelle Vénus, je t'implore en ce jour,
....
Oh ! Vénus, s'il est vrai que soumis à ta voix,
Les mortels et les dieux fléchissent sous tes loix ;
Assoupis, s'il se peut, la fureur des combats :
Qu'une éternelle paix règne dans ces climats.

PRÊCHE A GNIDE. 63

Souvent, le Dieu cruel qui préside aux alarmes,
Abandonne pour toi le tumulte des armes ;
Eloigné des hasards et captif à son tour,
Dans tes bras immortels, il se repaît d'amour.
Sa tête sur ton sein languissamment repose,
Son ame est suspendue à tes lèvres de rose,
Et dans ses yeux, voilés des larmes du plaisir,
Étincellent encore les flammes du desir.
Dans ces momens heureux, où ce vainqueur farouche
Recueille les soupirs qui meurent sur ta bouche ;
Que tes baisers divins désarment son courroux.
Éveille dans son cœur des sentimens plus doux ;
Parle au nom des Français, parle au nom de la terre,
Et qu'à tes pieds d'albâtre, il pose son tonnerre...

Fasse le ciel que ces vœux ardens soient exaucés, ainsi que ceux que je fais tous les jours, pour qu'après notre mort nous puissions être jugés dignes de venir habiter le séjour du plaisir et du bonheur, réservé aux fidelles adorateurs de l'Amour.

Ainsi soit-il.

DICTIONNAIRE
D'AMOUR.

DICTIONNAIRE
D'AMOUR.

A.

A, B, C. — Plût aux Dieux que l'Amour en fut resté-là !

ABANDONNER. — C'est un verbe qui ne marche jamais sans une négation qu'on fait suivre d'un serment, pour lui donner plus de force.

Non, je ne vous abandonnerai jamais. Puisse le ciel m'arracher le jour dès que je cesserai de vous aimer. Dans la bouche d'un homme à la mode, ces belles promesses sont accompagnées des paroles suivantes, que le perfide prononce au fond du cœur : *Pourvu que vous conserviez toujours les mêmes agrémens ; que votre figure me paraisse toujours aussi jolie ; pourvu, sur-tout, qu'une autre femme ne parvienne pas à me plaire plus que vous.*

Dans la bouche d'une coquette, le reproche : *Quoi ! vous m'abandonnez perfide ?* Ne peint pas toujours le regret qu'elle éprouve de la perte d'un amant, mais seulement son amour-propre offensé, qu'un autre possède un bien qu'elle se croyait seule digne de posséder.

Abbé. — Jeune abbé signifiait avant la révolution, un jeune homme qui savait s'adoucir les yeux, montrer ses dents, rendre sa bouche petite, sa main douce et potelée ; marcher légèrement, rire des épaules, et faire un petit conte agréablement ; joignez à cela une certaine idée de volupté et de délicatesse, et beaucoup plus d'étude de la galanterie que de la théologie, vous aurez à peu près toute la description de l'être qu'on appelait autrefois un *Abbé*. Cet être là était la coqueluche des belles. Plusieurs autorités le prouvent. Je vais rapporter celle d'Arlequin, comme la plus grave :

O! vous, jeunes *Abbés*, pétris d'ambre et de musc,
Qui n'êtes exposés jamais qu'aux coups de busc,
Ah ! combien vous allez fourrager chez nos belles!
Pour vous, gros financiers, et vous gens du palais,
Vous n'avez que l'été pour faire les muguets.

Les plumets revenus, serviteurs aux ruelles,
Mais malgré nos grands crocs, et nos airs de dragons,
Les *Abbés* sont, morbleu, de toutes les saisons.

ABEILLE. — L'abeille ne présente son dard acéré qu'à celui qui l'attaque. L'Amour, au contraire, cherche à percer de ses traits cruels ceux qui, loin de l'attaquer, le fuyent avec effroi.

ABOMINABLE. — Lorsque vous entendrez une femme s'écrier à la vue de quelqu'un : ô mon Dieu ! voilà un homme abominable ! soyez en sûr, elle a adoré *cet abominable là*.

ABORD. — Il y a plusieurs sortes d'abords :

Abord riant, dans une coquette, signifie qu'elle voudrait voir tous les hommes attachés à son char ; qu'elle souhaiterait qu'on vînt à ses pieds lui sacrifier ses meilleurs amis ; qu'elle promet mille agrémens dans le commerce, etc.

Abord froid, dans une maîtresse, est un moyen qui, bien employé, déconcerte les plus habiles. Après une querelle, il signifie qu'on veut se donner le plaisir de voir un amant faire de nouvelles protestations.

Abord sérieux. Par cet abord une femme annonce à son amant qu'elle a fait un autre choix, qu'il est, par conséquent, à peu près inutile de chercher encore à lui plaire.

Abord tendre, c'est celui d'une femme qui aime avec passion ; qui, entièrement occupée de son amant, a l'air de lui dire : « Viens, mon doux ami, mon cœur brûle » du desir de te donner des nouvelles preu- » ves de son amour!...... ».

ABSENCE. — L'absence, a écrit Larochefoucault, diminue les médiocres passions, et augmente les grandes, comme le vent éteint les bougies et allume le feu.

ABSENS. — C'est sur-tout à Cythère qu'ils ont toujours tort.

ABUSER. — *N'abusez pas de ma faiblesse!* Dès que ces mots délicieux sortent de la bouche d'une femme qui aime, l'on ne court aucun danger d'être hardi avec elle. Le moment propice *de manquer de respect* est arrivé ; car, dans le dictionnaire du beau sexe, ces douces paroles, *n'abusez pas de ma faiblesse*, sont synonymes de celles-ci : *Ah ! dépêchez-vous de me faire violence, je ne peux résister au feu qui me dévore.....*

ACCESSOIRES. — En amour, les accessoires l'emportent souvent sur le fond.

ACCORDER. — *Accordez-moi une si légère faveur ; mes désirs ne sont pas grands. Vous voir, vous parler, presser quelquefois votre main ; mon cœur ne vous demande pas autre chose.. ....* Quelle femme ne serait charmée de ce désintéressement ! mais bientôt cette même femme est un peu étonnée d'avoir tout accordé à celui qui ne demandait presque rien. Un amant ressemble à *Sinon* (1) ; il se déguise en captif. C'est un malheureux qui craint la mort, qui sait toucher : il se plaint, on a pitié de lui ; on lui délie les mains, *on lui accorde.....*

Et lorsqu'à son amour la fortune se joint,
Il impose des lois et n'en accepte point.

---

(1) Fameux Grec, soldat dans l'armée qui assiégeait Troye pour forcer Pâris à rendre Hélène à Ménélas son époux. Il se déguisa en captif et trompa le roi Priam par de perfides conseils qui causèrent la ruine de Troye.

Accroire. — *Ah ! vous m'en faites accroire !* Ces mots prononcés avec un air tendre, un regard expressif et une certaine langueur, annoncent que l'on croit tout ce que dit un amant, et que le cœur éprouve un plaisir secret à ne pas douter de ses promesses.

Acidalie. — C'est un surnom de Vénus qui signifie : *Déesse des soins et des inquiétudes.*

Actrices. — Syrènes mille fois plus dangereuses que celles qui ne purent vaincre Ulysse. Ce sont des enchanteresses à qui leurs mères, pour toute éducation, apprennent l'art de divertir les hommes en public, et de les ruiner en particulier. Elles sont presque toutes jolies, caressantes, insinuantes, maniérées ; elles ont de la vivacité, des saillies, des airs étourdis, des propos libres, qui plaisent à presque tous les hommes ; elles savent, par des chemins jonchés de fleurs, conduire au centre des plaisirs. Quand ces divinités ont pris de l'empire, elles règnent avec un sceptre d'airain, et avilissent à force de maîtriser ; elles ont, pour règle certaine, de ne jamais aimer celui qui les paye ; il est regardé chez elles comme un mari ; elles se font une gloire de le tromper. Si elles paraissent délicates, sensibles aux plaisirs de l'ame, ce n'est qu'un jeu qu'elles entendent à ravir. Il y en a très-peu qui aiment ; l'or est le seul mobile qui les détermine ; elles valent cependant beaucoup mieux que les trois quarts des filles ou femmes entretenues ; outre qu'elles amusent par leurs talens, si elles trompent, si elles ruinent, elles ont au moins la bonne foi de dire que c'est leur métier. Elles se donnent pour ce qu'elles sont, au lieu que les autres, au contraire, ont toujours une histoire prête.

ADIEUX. — Qu'ils sont tendres lorsqu'on a l'espoir de se revoir bientôt ! mais qu'ils font verser de larmes amères, lorsqu'un funeste pressentiment avertit qu'ils seront peut-être éternels !!

ADORATEUR. — Se dit de ces hommes qui en content à droite et à gauche, et qui débitent des fleurettes à qui veut les entendre.

 Il en est à mine discrettes,
  Et d'un entretien décevant ;
 Mais fiez-vous à leurs fleurettes,
  Autant en emporte le vent.

ADORER.—Ce terme ne convient qu'aux dieux et aux femmes ; en observant cette différence, qu'on adore les dieux par crainte et les femmes par amour.

Les ennemis des femmes soutiennent, au contraire, que les hommes se servent de ce verbe avec elles, parce que connaissant parfaitement leur vanité, ils n'épargnent rien dans l'expression pour leur faire perdre le peu de raison qu'elles ont.

AFFAIRE. — Aimer, voilà la grande affaire du sexe.

AFFRONT. — Il en est deux qu'une femme ne saurait réellement pardonner. Le premier, de ne pas l'aimer ; le second, de manquer tout-à-coup des moyens nécessaires pour lui prouver qu'on l'aime fortement. Chers lecteurs, aussitôt que ces moyens charmans vous abandonneront, fuyez les belles, il n'est pas de salut pour vous auprès de ces douces créatures. Vous les adoreriez vainement ; elles se riraient de vos flammes qui ne partiraient pas de l'autel de la Volupté que le temps aurait détruit en vous.

AGE.—Terme assez peu usité en amour ;

Car, parler d'âge à une jeune personne n'est pas la louer ; c'est offenser une vieille, et une majeure ne prend pas grand plaisir à ces examens chronologiques.

AGNÈS. — Ce nom qui seul donne des desirs, était autrefois celui d'une très-jeune personne, qui ne connaissait nullement les usages du monde, et qui n'avait jamais eu rien à démêler avec *le dieu malin*. Quel dommage qu'il n'y ait plus d'Agnès !

> Feindre une ignorance profonde
> Pour mieux endormir la maman,
> Se dérober aux yeux du monde
> Pour lire à son aise un roman,
> Rougir d'un mot à double entente,
> Puis en rire sous un écran ;
> Voilà tout juste le trantran
> Des Agnès qu'on nous vante.

AGRÉMENS. — Termes dont on se sert pour tromper modestement une personne très-laide, lorsque ce serait se rendre suspect, si l'on assurait d'un air sérieux qu'elle est belle.

AH ! — Syllabe précieuse !.... Heureux qui réduit sa maîtresse à ne pouvoir articuler que ce mot si expressif ! !

Aimer. — Verbe le plus significatif de la langue.

Vainement on cherche à braver les lois de l'Amour ; tôt ou tard il faut aimer ; tôt ou tard il faut vivre sous l'empire du souverain des hommes et des dieux.

Jeunes gens, jeunes filles :

Aimez, aimez qui vous adore ;
Ne craignez point de vous laisser charmer.
Que de plaisirs un insensible ignore !
C'est l'Amour seul qui peut nous les donner ;
Avant d'aimer on ne vit point encore,
On ne vit plus dès qu'on cesse d'aimer.

Aisance. — Trop souvent on dit d'une femme qu'elle a de l'aisance, tandis qu'elle n'a que de l'*impudence*.

Alarmer. — Les alarmes marquent l'état d'un cœur qui aime, troublé sans cesse par la crainte et l'espérance.

Est-on, quand on aime,
Sans quelque tourment ?
Non, l'amour extrême
S'alarme aisément.

Alcove. — Écueil plus dangereux pour les femmes, que ne l'était autrefois pour les marins Carybde et Sylla. C'est-là où se brise le bouclier qu'elles opposent aux attaques d'un amant, et aux attaques plus terribles encore de leur propre cœur. Que de fois l'Amour et le Plaisir fuyent à tire d'aile du riche boudoir de la coquette, pour venir se reposer dans l'alcove simple et voluptueuse de la modeste grisette !

ALGÈBRE. — Une femme tendre est pour un algébriste, ce que l'algèbre est pour une femme tendre.

ALLIAGE. — L'Amour, sans alliage, est peut-être aussi rare à trouver que l'or pur.

ALMANACH. — Dans celui de Cythère, on compte plus de fêtes de Martyres que de jours de Vierges.

AMANS. — Ceux qui aiment et sont aimés, ce sont les êtres heureux par excellence ; mais on ne rencontre guère plus de véritables amans. Il y a déjà bien des années qu'une femme aimante écrivait ces mots touchans :

>   Où peut-on trouver des amans
>   Qui nous soient à jamais fidelles ?
>   Je n'en sais que dans les romans,
>   Ou dans les nids des tourterelles.....

Il faut néaumoins qu'il existe encore des

amans ; car, le Rousseau de notre siècle, l'aimable et délicieux auteur de *Paul et Virginie* a fait leur portrait avec des couleurs si douces, si naturelles, qu'il est impossible de ne pas croire qu'il n'ait eu des modèles sous les yeux. Les amans, dit-il, fuyent les assemblées tumultueuses des villes ; ils cherchent dans les lieux les plus reculés quelque asile solitaire où ils puissent jurer de s'aimer éternellement. Les fontaines, les bois, le lever de l'aurore, les constellations de la nuit reçoivent tour-à-tour leurs sermens. Souvent égarés dans une ivresse délicieuse, ils se prennent l'un et l'autre pour une divinité. L'herbe qu'ils foulent aux pieds, l'air qu'ils respirent, les ombrages où ils se reposent, leurs paraissent consacrés par je ne sais quoi de surnature et d'enchanteur. Ils ne voyent dans l'univers d'autre bonheur que de vivre et de mourir ensemble, ou plutôt ils ne voyent plus la mort. L'Amour les a transportés dans des siècles infinis, et la mort ne leur paraît que le moyen d'une réunion éternelle. Mais, si quelque obstacle vient à les séparer, ni les espérances de la fortune, ni les amitiés des douces compagnes ne peuvent les consoler.

Ils ont touché au ciel, ils languissent sur la terre……

AMANTE. — Le nom d'amante, quoiqu'il ne soit que le féminin d'amant, peint mieux que celui-ci l'Amour et tous ses charmes. On peut être l'amant de plusieurs femmes ; une femme peut être la maîtresse de plusieurs hommes ; mais une amante ne saurait l'être que d'un seul homme. Son cœur ne voit que lui, ne respire que pour lui ; elle l'appelle sans cesse, et ne se trouve heureuse qu'auprès de lui. Voici comment s'exprimait une amante sensible en écrivant à l'homme qu'elle aimait :

L'aurore brille et je m'éveille ;
Je m'éveille en songeant à lui,
Et je me répète aujourd'hui
Tous les discours qu'il tint la veille.
Je me rappelle ce regard
Qu'au bal, où cent beautés déployaient tout leur art,
De fixer, j'eus seule la gloire ;
Ces serremens de main que j'ai besoin de croire ;
Ce baiser que l'Amour dut peut être au hasard ;
Tout est présent à ma mémoire.
Je me lève, et trompant, par d'heureux souvenirs,
De l'absence au retour, le pénible passage,
Je m'entoure dans mon veuvage,
de l'image de nos plaisirs :

Je chante, d'une voix tremblante,
Les airs qu'auprès de moi chantait sa voix touchante ;
Je relis les écrits que sa main m'a tracés,
Et les vers par son cœur, à mon cœur adressés.
Je reste bien long-temps immobile à la place
    Où ses pas se sont arrêtés ;
Mes yeux complaisamment se fixent sur la glace
    Où j'ai vu ses traits répétés.
    Ce luth dont les cordes mobiles
    Célèbrent sous ses doigts habiles,
Les travaux de Newton par ses chants agrandis,
Bientôt va soupirer sous mes doigts moins hardis.
    Cette fleur par lui fut cueillie,
Il faut que sur mon sein je place cette fleur :
De ce nouveau ruban il vante la couleur,
Il faut par ce ruban que je sois embellie ;
Je m'occupe de lui pour le rendre à mon cœur ;
Mais le bruit de l'airain par six fois se prolonge.
O ! momens du bonheur si long-temps souhaités,
O ! momens du bonheur rapidement goûtés,
    Vous allez passer comme un songe !
    On frappe : c'est lui ! Promptement
    Relevons notre chevelure
    Qui tombe trop négligemment ;
    Arrangeons ce nœud : la parure
    Ne messied point au sentiment,
    Et l'art n'est plus que la nature,
Lorsque l'on s'embellit pour plaire à son amant.
Il vient... O ! de l'Amour doux et terrible empire !
Je veux marcher vers lui, mes genoux ont tremblé ;
    Je veux parler, ma voix expire.

D'AMOUR.

Il vient ! déjà son cœur troublé
Bat contre mon sein qui soupire ;
Entre mes bras il a volé.
« O toi ! dont l'aimable présence,
» M'est chaque jour une faveur,
» Oui, ton retour me doit tout ce que ton absence
 » Put dérober à mon ardeur :
» Rends-moi tous ces regards où respirent ton ame;
» Rends-moi ces entretiens qui me peignent ta
  » flamme,
 » Tous ces riens qui font le bonheur ;
 » Donne à ton amante fidelle
» Mille baisers, suivis de mille encor plus doux.
» Pardonne si mon cœur te les demande tous ;
 » Ce sont eux qui me rendent belle :
» Reçois aussi les miens que ton amour appelle ;
 » Tous les deux embellissons nous ».
Mais soudain un devoir barbare
Le ravit à mes tendres soins ;
L'airain vient de sonner l'heure qui nous a joints,
Et déjà sonne, hélas, l'heure qui nous sépare !
 Qu'ils sont courts et délicieux,
Ces momens d'abandon, et d'extase, et d'ivresse,
Où, confondant leur cœur, et leurs sens et leurs
 vœux,
 L'heureux amant, son heureuse maîtresse,
Sans leurs doubles plaisirs oublieraient qu'ils sont
 deux !
Déjà je ne vois plus ce que mon cœur adore ;
 Je ne le vois plus, et je crois,
Pendant quelques momens, entendre encor sa voix :
Il est déjà bien loin, et je lui parle encore.

Je perds jusqu'au plaisir de l'attendre aujourd'hui !
　　Que faire, hélas ! inquiète, éperdue,
De mon ame, toujours de son départ émue,
　　Je cherche à consoler l'ennui ;
J'écris : dans cette lettre, à ma douleur utile,
L'élégance des mots et la pompe du style,
　　Brillent moins que les sentimens :
　　J'aime, est tout l'esprit des amans.
Diane, plus brillante, avance sa carrière :
Le sommeil fait tomber la plume de ma main ;
Je me couche, et me dis, en fermant la paupière :
　　Je ne le verrai que demain !!

AMARANTHE. — Fleur que les anciens donnaient pour symbole à l'immortalité : qu'un peintre ferait un lourd contresens, s'il s'en servait pour caractériser l'Amour !

AMBROISIE. — Nourriture des dieux et des amans. C'est sur les lèvres de sa bien-aimée qu'un amant la cueille. On dit que ce mets céleste rendait immortel. Amour, Amour ! si tes plaisirs n'étaient pas si courts, les hommes n'auraient rien à envier aux dieux.

AMI. — Une femme aimable et jolie n'en peut avoir, ou celui qu'elle a n'est pour l'ordinaire qu'un amant déguisé d'autant plus dangereux qu'il dissimule ses desseins.

:Belles,
N'ayez donc point d'amis qui puissent être amans.

Amie. — Que ce mot est doux à l'oreille ! et qu'un amant le prononce avec plaisir ! Il faut aimer pour en sentir toute l'énergie..

Amitié. — Cousine germaine, ou sœur cadette de l'Amour, selon les circonstances.

Lorsqu'arrivés à l'automne de la vie l'Amour s'est enfui de nos cœurs, l'amitié d'une femme est le plus doux présent que le ciel puisse nous faire ; car les femmes ont en amitié une sensibilité de détail qui leur rend compte de tout. Rien ne leur échappe : elles devinent l'amitié qui se tait ; elles encouragent l'amitié timide ; elles consolent doucement l'amitié qui souffre. Avec des instrumens plus fins, elles manient plus aisément un cœur malade ; elles le reposent et l'empêchent de sentir les agitations. Elles savent sur-tout donner du prix à des choses qui n'en auraient pas. Il faut donc peut-être desirer un homme pour ami dans les grandes occasions, mais pour le bonheur de tous les jours il faut desirer l'amitié d'une femme.

Amour. — *Amour conjugal.* Le plus froid.

Amour désintéressé. Le plus rare.

Amour extrême. Le plus rempli d'amertume, mais aussi le plus délicieux.

Amour honnête. Solide, mais faible diminutif de l'Amour extrême. L'un est la rose sans odeur, et l'autre la rose parfumée.

Amour naissant. Assez beau.

Amour platonique. Impossible ; chimère. « Amour, s'écrie Buffon, desir inné ! ame de la nature ! principe inépuisable d'existence ! puissance souveraine qui peut tout, et contre laquelle rien ne peut ; par qui tout agit, tout respire et tout se renouvelle ! divine flamme ! germe de perpétuité répandu dans tout avec le souffle de la vie ! précieux sentiment qui peut seul adoucir les cœurs féroces et glacés, en les pénétrant d'une douce chaleur ! cause première de tout bien, de toute société ; qui réunis sans contrainte et par tes seuls attraits les natures sauvages et dispersées ! source unique et féconde de tout plaisir, de toute volupté. Amour ! comment ne t'aurait-on pas divinisé ?.... »

AMOUR. — Divinité. Jeunes filles et femmes sensibles, vous qui ne connaissez de l'*Amour* que les feux dont il embrâse vos tendres cœurs ; voulez vous savoir sous quels traits les anciens peignaient *ce Dieu malin* ? Écoutez *Moschus* :

 Son teint est de pur incarnat,
 Son œil rempli d'un vif éclat,
 Son parler doux, mais son cœur traître.
 Ne croyez point cet enchanteur ;
 Il vous bercera d'un vain songe.
 Tout ce qu'il vous dit n'est qu'erreur,
 Ce qu'il vous promet, que mensonge.
 Sa chevelure va flottant,
 Son front est pétri d'impudence,
 Ses mains sont celles d'un enfant,
 Mais qui soutiendra leur puissance ?
 Les mêmes mains ont mis aux fers,
 Le ciel, la terre et les enfers.
 Il est nu, mais couvert de feinte :
 Tel que l'abeille au sein des fleurs
 Amour vole dans tous les cœurs !
 Mais il y laisse son atteinte.
 Il porte sans cesse en sa main
 Un arc, appui de son empire ;
 Un arc, hélas ! qui toujours tire,
 Et qui jamais ne tire en vain.
 Caché sous l'ombre de ses ailes,
 De son dos descend un carquois,
 Dont le ciel même craint les droits,
 Et dont les flèches trop cruelles
 M'ont mille fois mis aux abois.
 Tous ces traits sont teints d'amertume ;

Tout ce qu'il touche est enflammé.
D'une étincelle qu'il allume,
L'astre du jour est consumé.
....
Toujours sa plus tendre caresse
Sert de voile au plus noir dessein ;
Ses larmes ne sont qu'une adresse,
Son plus doux baiser qu'un venin.

AMOUREUX.— On appelle ainsi, ceux qui aiment et ne sont pas encore aimés.

ANACHRONISMES.— Les femmes sont sujettes à en faire quand on les interroge sur leur âge.

ANALYSE.— Elle tue l'Amour. D'ailleurs on ne saurait *analyser* ce qu'il ne faut que sentir.

ANATOMISER. — D'un coup-d'œil une femme *anatomise* un homme qui ne peut pas lui rendre le change aussi facilement.

ANÉMONE.— Les amans chérissent cette fleur. Elle naquit, par la puissance de Vénus, du sang que cette déesse inconsolable recueillit de la blessure de son cher Adonis.

Emblème de la vie, aimable et tendre fleur,
Qui brille le matin, le soir perd sa couleur,
Et passant de nos prés sur l'infernale rive,
Nous présente, en un jour, l'image fugitive
    De la jeunesse et du bonheur.

Angoissés. — On cueille cette espèce de fruit dans les beaux jardins de Paphos.

Antidote. — L'Amour est tout à la fois son poison et son *antidote*.

Apathie. — C'est la mort du cœur : l'*antipathie* lui est préférable.

Apostille.— Souvent, quand c'est l'Amour qui l'écrit, tout le sens d'une lettre est dans son *apostille*.

Apparence. — Peu prévoyant, l'Amour s'y arrête quelquefois, et s'en repent de suite.

Appas. — *Voyez* Charmes.

Après. — Femmes, s'écrie *Rousseau*, voulez-vous savoir si vous êtes aimées? Regardez votre amant *après* votre défaite. Ce n'est qu'en sortant de ses bras que vous pouvez juger de toute l'étendue de sa tendresse.

Argent.—Beau mot qui compose tout le pathétique de la réthorique financière. Pyrrhus prit quantité de places sans y employer d'autres armes que l'éloquence de Cinéas :

Philippe en prit aussi beaucoup à force d'argent. Un Philippe est encore sûr de son coup auprès de certaines belles : pour Cinéas on ne sait s'il ne s'y morfondrait pas dans ces temps maudits.

> Amans, qui n'offrez que vos larmes,
> Vos feux, vos soupirs, vos alarmes,
> *Vous parlez Gaulois :*
> Mais étalez votre finance,
> On admire votre éloquence,
> *Vous parlez François.*

Ainsi, laisser une bourse de deux cents louis sur la toilette d'une coquette est une excellente façon de s'exprimer. Jamais *Tibulle* ou *Parny* n'ont rien dit de si délicat à Délie ou à Éléonore.

ARGUS.—Donner un *argus* à une belle, c'est lui dire qu'elle est aimable, et qu'elle doit mettre ses appas à profit : cela inspire je ne sais quoi de tendre et de vif à son cœur, qui la décide à écouter favorablement une déclaration amoureuse. Un *argus* sert encore à réveiller les desirs endormis d'un amant, et lui rend plus piquant les plaisirs qu'il goûte. C'est tellement exact, qu'un poëte galant, de l'antiquité, emploie une élégie entière pour engager le mari de sa maîtresse à donner des *argus* à sa femme ; il lui déclare net que sans cela, il cessera d'être l'amant de la femme d'un époux si débonnaire.

ARRHES. — Par fois en amour les *arrhes* valent mieux que le marché.

ART. — (*Art d'aimer.*) On n'apprend pas à aimer ; quand on a reçu un cœur, il est aussi naturel d'aimer, qu'il est naturel de vivre quand on a reçu la naissance.

Sans *art* on sait aimer, sans maître un cœur soupire ;
L'Amour est un penchant que la nature inspire.

ASPASIE. — Femme galante, à laquelle Périclès devait tout son mérite. Périclès, de nos jours, ne serait qu'un homme très-ordinaire s'il s'adressait à nos modernes *Aspasies*.

ASSIDUITÉS. — Pauvres maris, quand vos chastes moitiés les souffrent, un pressentiment secret de votre malheur doit vous avertir de vous tenir sur vos gardes ; on est bien près de *donner des entorses au lien conjugal.*

ATTACHEMENT. — Les coquettes n'en connaissent qu'un auquel leur fidélité est à toute épreuve :

Ces dames
Chérissent l'inconstance, et sans se corriger,
Leur seul attachement est de toujours changer.

ATTENDRISSEMENT. — Situation peut être la plus douce pour le cœur. Deux amans traversés par mille difficultés, se rapprochent enfin un moment et à la dérobée ; leurs yeux se peignent ce que leur bouche n'ose se dire. Ils se contemplent immobiles, et leurs paupières insensiblement se chargent de larmes qu'ils n'osent répandre. L'ami, par un mouvement involontaire, tient et presse entre ses bras son amie qui lui cède comme par instinct. Des soupirs alternatifs s'échappent de leur sein... Mais le temps fuit d'une aile trop rapide, pendant cet entretien éloquent et muet ; et le couple tendre croyant sortir d'un songe délicieux voudrait qu'il durât toujours.

ATTENTE. — L'*attente* du plaisir fait éprouver à l'ame une sensation si douce, si voluptueuse, qu'il est impossible d'en donner même une idée.... Que de fois, au sein de la jouissance, on a regretté l'heure qui l'a précédée !!

ATRABILAIRE. — Les maris sont sujets à cette affection morale.

ATTRAITS. — *Voyez* CHARMES.

ATTRAPER. — Belles, fuyez toujours si vous voulez que les hommes vous attrapent avec plaisir.

AUDACE. — C'est un mérite aux yeux de certaines beautés.

AURORE. — L'aurore de l'Amour est souvent infidelle, son doux éclat promet un beau jour, un soir calme, une nuit favorable. Ne vous y fiez pas. A peine le midi s'est-il fait sentir, que les nuages paraissent et amènent un ouragan terrible et inévitable.

AUTEURS. — Amans, si vous avez le malheur de l'être, n'en dites mot ; c'est un ridicule auprès de certaines beautés qui les redoutent.

AVANTAGEUX. — Les femmes détestent en nous une qualité que nous avons prise auprès d'elles.

AVANT-PROPOS. — Il est bon quelquefois de ne pas aller plus loin.

AVARE. — *Lafontaine* a damné *l'avare*. Si la raison des contraires est bonne, le magnifique ne peut manquer d'aller en Paradis. L'avarice annonce une ame vile et mercenaire, incapable de connaître un si beau sentiment que l'Amour.

AVERTISSEMENT. — En voici un pour les jeunes filles simples et crédules :

>Tircis vous apprend des chansons
>>Où le cœur s'intéresse ;
>On dit qu'il y joint des leçons
>>Qui parlent de tendresse.
>Fuyez ce charme séducteur,
>>C'est un plaisir funeste ;
>*L'oreille est le chemin du cœur,*
>>*Et le cœur l'est du reste.....*

AVEU. — C'est ce *oui* que le cœur prononce tout haut et les lèvres tout bas, et qui est le signal du bonheur.

AVIS. — Voici un très-bon *avis* donné par un abbé galant à une jeune fille de dix ans. Il serait nécessaire qu'on le donnât à une foule de jolis lutins du même âge, qui tendent déjà des pièges plus dangereux pour notre pauvre raison que tous ceux des coquettes :

D'AMOUR.

Eh quoi ! dans un âge si tendre,
On ne peut vous entendre,
Ni voir vos beaux yeux sans mourir !
Ah ! vous êtes pour nous et trop jeune et trop belle,
Attendez petite cruelle,
Attendez, pour blesser, que vous puissiez guérir.

AVOCAT. — Il n'en est pas de plus éloquent que le cœur.

AXIOME. — En voici un qui de nos jours ne souffre guère d'exceptions :

« Pour être aimé, il vaut mieux plaire qu'aimer ».

B.

BABIL. — N'est supportable que dans la bouche d'une jolie femme.

BADIN. — Joli terme d'encouragement, et qui mène très-loin lorsqu'une femme l'emploie avec celui que son cœur a choisi en secret pour son amant.

Ne badinez donc point...... Des interprètes malins assurent que ces mots, dans la bouche de bien des femmes, veulent dire :

« C'est perdre du temps, allons au sé-
» rieux ». Et le prennent au sens qu'il faut le prendre dans cette épigramme :

Toujours votre femme badine
Avec notre mari Lucas,
Me dit l'autre jour ma voisine :
Je les surpris hier, ils ne badinaient pas.

BADINER. — On dit qu'il ne faut jamais se laisser lécher la main par un lion, malgré l'attachement qu'il témoigne. Sa langue armée de petites pointes attire le sang dont l'odeur réveille sa férocité naturelle. Jeunes garçons, jeunes filles, ne *badinez* jamais avec l'Amour. C'est un autre lion plus redoutable que celui des forêts, chez lequel vos caresses innocentes réveillent son penchant secret à déchirer tous les cœurs.

BAGATELLE. — Nom que les hommes légers, inconséquens et privés de cette sensibilité exquise, le plus précieux don de la nature, donnent au plus doux, comme au plus sublime de tous les sentimens.

BAIL. — *Bail* d'Amour, engagement amoureux : l'Amour étant un enfant, est toujours mineur ; ainsi, de quelque nature que soient les engagemens qu'il a formés, quelques clauses obligatoires qu'on emploie dans ces sortes de *baux*, il est toujours en état de s'en relever : il est rare qu'il ne se serve pas du privilège.

D'AMOUR.

BAILLEMENS. — Maladie des époux.

BAISERS. — L'Amour seul en donne. Par une faveur singulière, il transmet son talent à quelques-uns de ses favoris. *Jean second*, d'érotique mémoire, tient de lui la manière de les donner et de les recevoir. La voici :

« O ma bien aimée ! lorsque brûlant d'amour, ma bouche te demandera neuf *baisers*, je t'en conjure, refuse-moi sans pitié. Que tes lèvres humides comme la rose au lever de l'aurore ne m'en donnent que deux..... Mais qu'ils soient purs, chastes, tels que ceux qu'un père reçoit d'une fille chérie dont le cœur ne connût encore ni l'Amour, ni son délire enchanteur..... O ma bien aimée ! ô Sophie ! ô délicieuse Sophie ! semblable à la biche qui porte dans ses flancs le trait du chasseur inhumain, fuis, fuis ton amant; fuis ses regards étincelans de desirs; pénètre jusqu'au fond des antres les plus secrets... Sa main audacieuse se lèvera pour te saisir, pour t'enlever avec violence, ainsi que l'aigle enlève dans ses serres redoutables son innocente victime..... Sophie ! Sophie ! tu seras alors sans défense. Vainement tu tendras les bras d'albâtre vers ton vainqueur ; vainement par mille douces caresses tu chercheras à calmer sa colère, à appaiser sa furie... Il n'écoutera point ta voix ; cette voix si pleine de charme ; cette voix dont les accens mélodieux agitèrent tant de fois ses sens, ne pénétrera plus au fond de son cœur : toutes tes prières se perdront dans les airs..... Ton crime recevra sa juste punition ; il te ravira sept fois sept autres baisers....... ! O Sophie ! voluptueuse Sophie ! prononce le serment de commettre chaque jour un pareil crime, et j'en jure, par les divins attraits, par les grâces incomparables, que tu seras punie avec autant de rigueur et de cruauté..... (1).

Nous ne saurions mieux terminer cet article, qu'en l'ornant de quelques strophes d'un hymne au *Baiser*, par Dorat.

Don céleste, volupté pure,
De l'univers moteur secret,

---

(1). Ce morceau fameux a été traduit par *Dorat*, *Mirabeau*, *Tissot*, et une foule d'auteurs. Nous avons préféré la traduction qu'on vient de lire, non pas comme la meilleure, mais comme la moins connue.

D'AMOUR.

Doux aiguillon de la nature,
Et, son plus invincible attrait :
Eclair, qui, brûlant ce qu'il touche,
Par l'heureux signal de la bouche,
Avertis tous les autres sens ;
Viens jouer autour de ma lyre ;
Qu'on reconnaisse ton délire
A la chaleur de mes accens.

••••••••••••••••••••••••••••••

LA fleur qui pare nos prairies ,
Te doit son lustre et son odeur :
Ces arbrisseaux que tu maries,
Sont tous éclos de ta chaleur.
Ces ruisseaux fuyant sous l'ombrage,
Ces flots caressant leur rivage,
Par ton souffle vont s'embrâser.
Pourquoi des lèvres demi-closes,
Ont-elles la couleur des roses ?
C'est là que siège le BAISER.

••••••••••••••••••••••••••••••

CE Mahomet, ce fou sublime,
Contre tous les périls armé,
Qui pour l'erreur et pour le crime,
Avait cru le Globe formé ;
Aurait-il, conquérant austère,
Supporté l'ennui de la guerre,
Sans les *baisers* de ses Houris ,
Qui charmaient son ame inquiète;
Et, dans le Sérail du Prophète,
Réalisaient son Paradis.

••••••••••••••••••••••••••••••

MAIS, des demeures fastueuses,
Tu crains l'appareil imposant,
Les passions trop orageuses,
En bannissent le sentiment.
Ah! sur des lèvres altérées,
Et par l'ennui décolorées,
Voudrais-tu donc te reposer ?
Ces lambris dorés, cette estrade,
Ces carreaux, ces lits de parade,
Sont l'épouvantail du BAISER.

··

Fuis sous les feuillages champêtres ;
C'est là que réside la paix,
Et qu'à l'ombre des jeunes hêtres,
On pratique tes doux secrets.
De myrthe chacun se couronne ;
Le BAISER s'y prend ou s'y donne ;
Le plaisir n'y sait pas compter ;
Et l'impitoyable étiquette,
Sur les lèvres d'une coquette,
Ne t'y fait jamais avorter.

··

BALBUTIER. — La première fois qu'ils se parlent, on croirait tous les amans bègues ; mais qu'on attende le troisième entretien, on sera étonné de la volubilité de leur langue.

BALLADE. — Pièce de poésie dans laquelle les amans exprimaient autrefois leur ardeur.

elle est passée de mode depuis que l'esprit a remplacé le sentiment, et que la galanterie a chassé l'Amour du cœur des belles. Je vais en citer deux très-jolies :

Si l'Amour est un doux servage,
Si l'on ne peut trop estimer
Les plaisirs où l'Amour engage,
Qu'on est sot de ne pas aimer !
Mais si l'on se sent enflammer,
D'un feu dont l'ardeur est extrême,
Et qu'on n'ose pas l'exprimer,
Qu'on est sot alors que l'on aime !

Si dans la fleur de son bel âge,
Fille qui pourrait tout charmer,
Vous donne son cœur en partage,
Qu'on est sot de ne pas aimer !
Mais, s'il faut toujours s'allarmer,
Craindre, rougir, devenir blême,
Aussitôt qu'on s'entend nommer,
Qu'on est sot alors que l'on aime !

Pour complaire au plus beau visage
Qu'Amour puisse jamais former,
S'il ne faut qu'un bien doux langage,
Qu'on est sot de ne pas aimer !
Mais, quand on se voit consumer,
Si la belle est toujours de même,
Sans que rien la puisse enflammer,
Qu'on est sot alors que l'on aime !

Suite de la ballade.

ENVOI.

En amour, si rien n'est amer,
Qu'on est sot de ne pas aimer !
Si tout l'est au degré suprême,
Qu'on est sot alors que l'on aime !

Voici la seconde qui est connue sous le nom de *Ballade à caution*; elle est de madame *Deshoulières*. Comme elle est un peu longue, je n'en rapporterai que les trois premiers couplets :

A caution, tous amans sont sujets,
Cette maxime en ma tête est écrite,
Point n'ai de foi pour leurs tourmens secrets ;
Point auprès d'eux n'ai besoin d'eau bénite ;
Dans cœur humain, probité plus n'habite.
Trop bien encore a-t-on les mêmes dits
Qu'avant qu'*Astuce* au monde fut venue,
Mais pour d'effets la mode en est perdue,
On n'aime plus comme on aimait jadis.

Riches atours, tables, nombreux valets,
Font aujourd'hui les trois quarts du mérite ;
Si des amans soumis, constants, discrets,
Il est encor; la troupe en est petite ;
Amour d'un mois est amour décrépite ;
Amans brutaux sont les plus applaudis.
Soupirs et pleurs feraient passer pour grue,
Faveur est dite aussitôt qu'obtenue,
On n'aime plus comme on aimait jadis.

Jeunes beautés, envain tendent filets ;
Les jouvenceaux, cette engeance maudite,
Fait bande à part ; près des plus doux objets,
D'être indolent, chacun se félicite.
Nul en amour, ne daigne être hypocrite ;
Ou si par fois un de ces étourdis
A quelques soins s'abaisse et s'habitue,
Don de merci seul il n'a pas en vue,
On n'aime plus comme on aimait jadis.

BANDEAU. — On raconte que lorsque l'Amour perdit la vue, Vénus désolée arracha sa ceinture et en fit un *bandeau* pour son fils ; c'est pour cela, sans doute, que Vénus est nue, et l'Amour aveugle.

BANQUET. On apprend bien moins de choses au *banquet* des sept Sages, que dans un quart d'heure de tête à tête avec une beauté de quinze ans.

BARBARE. — *Que vous êtes barbare !* Un homme qui n'aime pas, mais qui veut pourtant obtenir le don d'amoureuse merci, dit, par ce reproche : « Vous me » surprenez, je ne comptais pas sur une « si longue résistance ; mon amour-propre » commence à s'impatienter ».

BAUME.—Quand il y aurait un *baume* souverain pour fermer les plaies du cœur, celui qui en posséderait le secret, mourrait avant de faire fortune. L'étrange mal que celui d'Amour! on craint de guérir et l'on guérit toujours trop tôt.....

BAYADÈRES. — Danseuses de l'Inde. Sous un ciel ardent, dans une contrée, véritable image de l'Eden, quel Stoïcien resterait fidelle à ses principes, en voyant ces femmes, qui, dès la première enfance, dressées par des mains habiles à tous les raffinemens de la Volupté, étudient l'art de jouir à fond, et dans toutes ses parties, et professent le plaisir en virtuoses consommées? Quel homme serait à l'épreuve de ces attitudes efféminées, de ces mignardises enfantines, de ces pas mesurés par la cadence, de ces mouvemens dirigés par la passion? Ces yeux brillans comme l'éclair, ou languissans d'amour; ces lèvres lascives ou animées encore par des accens lubriques; ces bras ouverts, comme pour enlacer le spectateur hors de lui; mais, sur-tout, les ondulations, les battemens du sein, objet unique de toutes les recherches de l'art, rival de la nature dans tout ce qu'elle a fait de plus beau; tout est piège pour les sens, et jamais le cœur n'a cédé à de plus douces amorces.

BEAUTÉ. — *Socrate* l'appelait une tyrannie, ou un règne de peu de durée; *Platon*, un privilège de la nature; *Aristote*, un des plus précieux dons de la nature; *Théophraste*, une éloquence muette; *Diogène*, une recommandation plus efficace que toutes sortes de lettres; *Carnéades*, une reine sans soldats; *Théocrite*, un serpent caché sous les fleurs; et *Bion*, un bien qui ne nous appartient pas, parce qu'il est impossible de se donner de la *beauté* et de la conserver.

BELLE. — (*Femme.*) Meuble précieux et rare, qui figure bien dans un salon; il faut avoir soin de le placer devant une glace.

Il est nécessaire d'avertir ici qu'il s'en fait beaucoup de contrefaçons.

BERCEAU. — Etendu délicieusement sur le sein de celle qu'on aime, n'est-ce pas être dans le *berceau* de l'Amour, qu'agite sans cesse le plaisir et la volupté?

BESACE. — L'Amour en porte trois, deux devant lui et une derrière. La première contient les *désirs*, elle est d'une ampleur considérable ; la seconde est très-petite et très-légère, c'est celle des *plaisirs*; la troisième est immense et pèse beaucoup plus que les deux autres ensemble, aussi, il la porte seule sur le dos; elle contient les *regrets* et les *repentirs*.

BESOGNE. — Qu'une jolie femme doit en avoir ? Assaillie en tout temps, en tous lieux, d'une foule de soupirans; se méfiant des uns, ménageant les autres ; épiée par un mari jaloux ou par une mère vieille et méchante, elle est quelquefois à plaindre. S'entendre dire d'un côté : *Le friand morceau!* De l'autre : *Madame, ou Mademoiselle, ne vous écartez pas de moi.* Il est pénible de concilier tous ces contraires.

BESOIN. — Aimer est celui du cœur. Toutes les autres passions ne sont que factices; l'Amour seul lui est naturel.

BIEN-AIMÉ. — Heureux, trois fois heureux le fortuné mortel, qui, par sa propre expérience, connaît toute la douceur, toute l'énergie que cette expression renferme !

BIENFAIT. — O nature ! qui pourra te payer celui que tu nous fis en nous accordant l'Amour et en créant la Beauté ! !

BIENSÉANCE. — Que de victimes innocentes de cette chimérique institution ! Les amans sont ceux de la société qui regrettent davantage l'état de pure nature ; ils y ont perdu le plus.

BIGOTTE. — En général une *bigotte* est une vieille coquette qui affiche et qui prêche la vertu , n'étant plus en état de donner mauvais exemple. C'est une personne qui a eu les passions vives ; qui ne s'est rien refusé dans sa jeunesse ; qui s'est adonnée à toutes sortes de plaisirs. Elle a, pour l'ordinaire, en horreur presque toutes les jolies femmes ; elle les critique ; elle leur trouve des défauts, le tout par jalousie. Elle médit sur-tout de celles qui ont des amans. Ce n'est pas tant, il est vrai, pour faire du mal que pour avoir le plaisir de parler de ce qu'elle a aimé avec ardeur dans sa jeunesse. Son caractère n'est pas à beaucoup près aussi mauvais que celui de la fausse dévote. Dans le fond, elle a le cœur bon.

Bis. — Un des plus jolis mots de notre langue dans la bouche de celle qu'on aime. Heureux lorsque sur-le-champ on peut obéir à cet aimable *bis* !!....

Bloc. — L'homme en est un au sortir des mains de la nature ; les femmes le façonnent, le polissent, et l'Amour l'anime. La femme, au contraire, par la puissance de l'Amour, naît toute façonnée, toute polie.

Blonde. — Les beautés *blondes* durent moins que les brunes. Elles sont moins vives, moins animées, mais elles ont ordinairement je ne sais quoi de plus tendre et de plus touchant. L'expérience nous apprend qu'une femme *blonde* s'attache plutôt, qu'elle a plus de douceur, de sensibilité ; qu'elle est plus aimante qu'une femme brune, et qu'elle est beaucoup plus susceptible d'éprouver une longue passion.

Une femme brune est délicieuse au moment même du plaisir : mais ce moment fugitif s'échappe avec la rapidité de l'éclair. Une femme *blonde* n'est au contraire délicieuse qu'après le moment du plaisir :

mais cette ravissante situation, où l'ame se sent inondée d'un torrent de volupté, se prolonge des heures entières.

Les anciens représentaient Vénus avec des cheveux blonds ; et *Anacréon* et *Horace*, si bons juges en ces sortes de matières, vantaient sans cesse les cheveux blonds.

Bonheur. — Les Epicuriens qui veulent un *bonheur* doux, paisible ; un *bonheur* qui se prolonge et qui ne soit jamais troublé par des inquiétudes, assûrent, appuyés de l'autorité de *Voltaire*, que pour le goûter,

Il faut penser ; sans quoi l'homme devient
Malgré son ame, un vrai cheval de somme.
Il faut aimer ; c'est ce qui nous soutient :
Sans rien aimer il est triste d'être homme.

Il faut avoir douce société,
De gens savans, instruits sans suffisance,
Et de plaisirs grande variété ;
Sans quoi les jours sont plus longs qu'on ne pense.

Il faut avoir un ami qu'en tout temps,
Pour son bonheur on écoute, on consulte,
Qui puisse rendre à notre ame en tumulte,
Les maux moins vifs et les plaisirs plus grands.

Il faut le soir un souper délectable,
Où l'on soit libre, où l'on goûte à propos,
Les mets exquis, les bons vins, les bons mots ;
Et sans être ivre il faut sortir de table.

Il faut la nuit, tenir entre deux draps,
Le tendre objet que notre cœur adore,
Le caresser, s'endormir dans ses bras,
Et le matin recommencer encore.

Mes chers amis, avouez que voilà
De quoi passer une bien douce vie:
Or, dès l'instant que j'aimai ma Sylvie,
Sans trop chercher, j'ai trouvé tout cela.

Les amans, au contraire, ne peuvent supporter un *bonheur* si tranquille; ils en desirent un qui soit rempli d'agitations et de transports voluptueux. A les entendre, il n'y a d'autre *bonheur* que celui de plaire et d'aimer. Existe-t-il, s'écrient-ils avec la tendre Héloïse, de mortels plus heureux que deux jeunes amans:

Réunis par leurs goûts et par leurs sentimens;
Que les ris et les jeux, que le penchant rassemble;
Qui pensent à la fois, qui s'expriment ensemble;
Qui confondent la joie au sein de leurs plaisirs;
Qui, jouissant toujours, ont toujours des desirs !
Leurs cœurs toujours remplis n'éprouvent point
    de vide.
Dans une coupe d'or ils boivent à long traits,
L'oubli de tous les maux et des biens imparfaits.
S'il est des cœurs heureux, ils sont heureux sans
    doute :
Nous cherchons le *bonheur*, l'amour en est la
    route.
L'Amour mène au plaisir, l'Amour est le vrai
    bien.

Bouche. — Que d'idées voluptueuses la prononciation de ce mot réveille en nous!

Boudoir. — Lieu où le temps a des ailes. C'est une chapelle consacrée plus au plaisir qu'à l'Amour. *Voyez* Alcove.

Boule. — Le monde est une boule entre les mains du jeune Amour; il la tourne et la balotte en tous sens.

Bouquet. — Truchement muet des cœurs.

Bourrasques. — Mignardises des maris d'une année.

Bracelet. — L'époux est sur le *bracelet* de sa femme; le portrait de l'ami est dans le cœur. Sots maris, croyez-vous que votre maussade figure soit un talisman fait pour repousser les amans?

Brouillerie. — Comme presque tous les époux ne s'aiment pas avec beaucoup de fidélité, ils ne croient pas non plus qu'on en ait pour eux; voilà pourquoi leurs *brouilleries* causent des reproches amers, des explications fâcheuses, et finissent par des haines déclarées. Entre amans, au contraire, les *brouilleries* sont de petits maux qui opèrent de grands biens!....

Brune. — *Voyez* Blonde.

Brusquer. — Il y a des occasions qu'il faut brusquer. Souvent l'on ne réussirait guère dans les entreprises amoureuses, si l'on n'y bannissait la crainte et le respect. Je vais confirmer cette maxime, par les paroles d'un grand politique : « Selon moi, dit-il, » il vaut mieux pécher par trop de vivacité » que par trop de timidité ; *la fortune est* » *femme, il faut la brusquer* ; elle ac- » corde plus de victoires aux caractères vifs » et bouillans, qu'à ceux qui ne sortent ja- » mais de la circonspection : de-là vient » que cette Déesse, semblable aux femmes » (car c'est sur cette ressemblance que » roule tout le principe), est plus favorable » aux jeunes gens, parce qu'ils ont plus de » hardiesse et d'emportement que les gens » sur le retour ».

Bruyant. — Se dit des plaisirs où le cœur n'a point de part, de ces plaisirs faux dirigés par l'étiquette et commandés par l'orgueil ; qui étonnent l'esprit, frappent l'œil et excitent de fréquens bâillemens, fils de l'ennui. L'Amour véritable est paisible, se suffit à lui-même, fuit le grand jour et l'éclat d'un monde dissipé. L'aspect attendrissant de la belle nature, une musique pure et mélodieuse, une voix douce et entrecoupée de soupirs, des mets simples, le silence des nuits d'été, l'aurore d'une journée de printemps, le calme des bois solitaires, un ruisseau qui fuit en murmurant, une colombe gémissante, une sensitive, voilà les emblêmes, les goûts et les plaisirs de deux véritables amans….

But. — Le plaisir.

Buveur. — Mauvais amant, soyez amant ou *buveur*, choisissez, point de milieu : l'Évangile vous l'a dit avant moi, on ne peut servir deux maîtres à la fois.

C.

Cacher. — *Cache ta vie*, disait Epicure; *Cache ton jeu*, nous dit l'Amour.

Cadeaux. — Messagers adroits et puissans qui rapportent toujours de bonnes nouvelles.

Cage. — Synonime de mariage; heureusement que l'Amour se charge d'en briser les barreaux.

CAILLETTE. — Ce qu'on appelle vulgairement *Caillette*, est une femme qui n'a ni principes, ni passions, ni idées ; elle ne pense point et croit sentir ; elle a l'esprit et le cœur également froids et stériles ; elle n'est occupée que de petits objets et ne parle que par lieux communs, qu'elle prend pour des traits neufs ; elle rappelle tout à elle, ou à une minutie dont elle sera frappée ; elle aime à paraître instruite, et se croit nécessaire. La tracasserie est son élément ; la parure, les décisions sur les modes et les ajustemens, font son occupation. Elle coupera la conversation la plus importante, pour dire que telle coiffure est effroyable, qu'elle fait honte au goût de la nation ; elle prend un amant comme une robe, parce que c'est l'usage ; elle est incommode dans les affaires et ennuyeuse dans les plaisirs (1).

---

(1) Cet article est extrait de *Duclos*. Nous avons pensé qu'il était inutile de désigner les Auteurs que nous avons mis à contribution pour la rédaction de ce *Dictionnaire* ; il suffira sans doute à nos Lecteurs de savoir que la plupart des articles qui le composent sont tirés des meilleurs Écrivains, soit en vers, soit en prose.

CALENDRIER. — Le *calendrier* Grégorien ne ressemble guère au *calendrier* des amans; où tantôt les heures sont des jours ; les jours des mois, les mois des années ; les années des siècles ; et tantôt les jours des heures, les mois des jours, les années des mois, et les siècles des années.

CAMPAGNE. — Quel est l'amant assez insensible pour ne pas s'écrier avec Saint-Lambert :

Amour, charmant Amour, la campagne est ton temple ;
Là, les feux d'un ciel pur, le penchant et l'exemple,
Le doux esprit des fleurs, le souffle du Zéphir,
Les concerts amoureux, tout dispose au plaisir :
Tout le chante, le sent, l'inspire et le partage ;
Les vergers, les hameaux, le chanvre et le treillage;
Les bosquets étonnés, les vallons ténébreux,
Tout devient un asile où l'Amour est heureux....

CANDEUR. — Qualité précieuse et rare ; compagne de la jeunesse et rarement de l'âge viril. Ce n'est pas une vertu, mais quand on la possède, on est capable de toutes les vertus. Le couple le plus beau que l'on pourrait imaginer, serait l'Amour et la Candeur réunis.

Rien de plus délicat, de plus facile à s'envoler que la *candeur* ; c'est une glace qu'un souffle ternit.

CANTIQUE. — Dans un livre consacré au plaisir, je pense qu'on ne trouvera pas extraordinaire que nous insérions un *cantique* fameux, le modèle des cantiques, dans lequel on ne sait trop ce qui domine le plus ou de l'Amour ou de la Volupté ; il est difficile que sa lecture ne répande dans tous les sens une vive et sainte émotion. Il faudrait avoir le cœur bien dur pour ne pas être pénétré, attendri, pour ne pas verser de douces larmes sur les sentimens de tendresse qui agitent le *Chaton* et *la Sulamite*, les deux héros de ce cantique.

LE CHATON, LA SULAMITE.

LE CHATON.

Que les baisers ravissans
De ta bouche demi-close
Ont enivré tous mes sens !
Les lis, les boutons de rose
De tes deux globes naissans,
Sont à mon ame enflammée ;
Comme les vins bienfaisans
De la fertile Idumée,

Et comme le pur encens
Dont Tadmor est parfumée.
Sous les murs des Pharaons,
A travers les beaux vallons,
Les cavales bondissantes
Ont moins de légèreté ;
Les colombes caressantes,
Dans leurs ardeurs innocentes,
Ont moins de fidélité.

LA SULAMITE.

J'ai peu d'éclat, peu de beauté, mais j'aime ;
Mais je suis belle aux yeux de mon amant :
Lui seul il fait ma joie et mon tourment ;
Mon tendre cœur n'aime en lui que lui-même.
De mes parens la sévère rigueur
Me commanda de bien garder ma vigne ;
Je l'ai livrée au maître de mon cœur,
Le vendangeur en était assez digne.

LE CHATON.

Non tu ne te connais pas
O ma chère Sulamite !
Rends justice à tes appas,
N'ignore plus ton mérite.
Salomon, dans son palais,
A cent femmes, cent maîtresses,
Seul objet de leurs tendresses
Et seul but de tous leurs traits ;
Mille autres sont renfermées
Dans ce palais des plaisirs,
Et briguent par leurs soupirs

L'heureux moment d'être aimées.
Je ne possède que toi ;
Mais ce sérail d'un grand roi,
Ces compagnes de sa couche,
Ces objets si glorieux,
N'ont point d'attraits qui me touche ;
Rien n'approche, sous les cieux,
D'un sourire de ta bouche,
D'un regard de tes beaux yeux.
Sais-tu que ces grandes reines,
Dans leurs pompes si hautaines,
A ton aspect ont pâli ?
Leur éclat s'en est terni ;
Défaites, humiliées,
Malgré leur orgueil jaloux,
Toutes se sont écriées,
Elle est plus belle que nous !

LA SULAMITE.

Le maître heureux de mes sens, de mon âme,
De tous mes vœux, de tous mes sentimens,
Me fait goûter de fortunés momens.
Soutenez-moi, je languis, je me pâme ;
Je meurs d'Amour, versez sur moi des fleurs,
Inondez-moi des plus douces odeurs ;
Que sur mon sein mon tendre amant repose ;
Qu'en s'endormant de moi-même il dispose ;
Qu'il soit à moi dans les bras du sommeil ;
Que de ses mains il me tienne embrassée ;
Qu' son image occupe ma pensée,
Et qu'il m'embrasse encore à son réveil.
Chère idole que j'adore,
Mon cœur a veillé toujours :

Je me leve avant l'aurore,
Je demande mes amours.
Lit sacré, dépositaire
Des mouvemens de mon cœur,
Des Amours, doux sanctuaire,
Qu'as-tu fait de mon bonheur ?
Éveillez-vous mes compagnes ;
Venez plaindre mon tourment :
Prés, ruisseaux, forêts, montagnes,
Rendez-moi mon cher amant.
Je l'ai perdu, le seul bien qui m'enchante !
Ah ! je l'entends, j'entends sa voix touchante ;
Il vient, il ouvre, il entre. Ah ! je te voi !
Mon cœur s'échappe et s'envole après toi.

Hélas ! une fausse image
Trompe mes yeux égarés ;
Je ne vois plus qu'un nuage :
Des regrets sont le partage
De mes sens désespérés !
O mes compagnes fidelles,
Voyez mes craintes cruelles ;
Adoucissez ma douleur :
Dites-moi quelle contrée,
Quelle terre est honorée
De l'objet de mon ardeur ;
Quel dieu m'en a séparée.

LES COMPAGNES DE LA SULAMITE.

Apprenez-nous quel est l'amant heureux
Qui vous retient dans de si douces chaînes ;
Nous partageons votre joie et vos peines ;
Nous chercherons cet objet de vos vœux.

6 *

LA SULAMITE.

Le vainqueur que j'idolâtre
Est le plus beau des humains ;
L'Amour forma de ses mains
Son sein plus blanc que l'albâtre :
L'ébène de ses cheveux
Ombrage son front d'ivoire,
Ce front noble et gracieux,
Ce front couronné de gloire ;
Un feu pur est dans ses yeux :
Sous une telle figure
Descendent, du haut des cieux,
Les maîtres de la nature,
Ministres du dieu des dieux.
Mais de son cœur vertueux,
Si je faisais la peinture,
Vous le connaîtriez mieux.

LE CHATON.

Je vous retrouve, ô maîtresse chérie !
Je vous revois, je vous tiens dans mes bras !
Dans mes jardins j'avais porté mes pas ;
Mais près de vous toute fleur est flétrie.
Charmant palmier, tige aimable et fleurie,
Je viens cueillir vos fruits délicieux,
Ciel ! que le temps est un bien précieux !
Tout le consume, et l'Amour seul l'emploie.
Mes chers amis qui partagez ma joie,
Buvez, chantez, célébrez ses attraits ;
Dans les bons vins que votre ame se noie ;
Je vais goûter des plaisirs plus parfaits.

LA SULAMITE.

Paix de cœur, volupté pure,
Doux et tendre emportement,
Vous guérissez ma blessure.
Ne souffrez pas que j'endure
Un nouvel éloignement ;
L'absence d'un seul moment
Est un moment de parjure.
Allons voir : allons tous deux
Voir nos myrthes amoureux ;
Prenons soin de leur culture ;
Redoublons nos tendres nœuds
Sur nos tapis de verdure ;
Fuyons le bruyant séjour
De cette superbe ville :
Le village est plus tranquille ;
Et la nature et l'Amour
L'ont choisi pour leur asile.

CARICATURE. — C'est assez souvent l'habillement de l'hymen ; il porte presque toujours des vêtemens qui n'ont pas été taillés pour lui : de-là, son air gauche, embarrassé et ridicule.

CARNAVAL. — Celui de notre vie dure depuis quinze ans jusqu'à trente.

CAUSE. — Il est assez plaisant que le sombre et janseniste *Pascal* fournisse un article au *Dictionnaire d'Amour*... « La cause de l'Amour, dit ce grand génie, est un *je ne sais quoi*, et les effets en sont incroyables. Ce *je ne sais quoi*, si peu de chose, qu'on ne saurait le reconnaître, remue toute la terre, les princes, les armées, le monde entier. Si le nez de Cléopâtre eût été plus court, toute la face de la terre aurait changé !!

CENSITAIRE. — Nous le sommes tous de l'Amour : tous nos fiefs relèvent de son domaine. C'est aux genoux et entre les mains du sexe que nous lui rendons foi, hommage et redevance.

CHANSONS. — La *chanson* ne convient qu'aux amans heureux ou à ceux qui goûtent des plaisirs sans que l'Amour y entre pour quelque chose. En voici une qui est un modèle dans le genre gai :

Nos bons aïeux aimaient à boire ;
Que pouvons nous faire de mieux ?
Versez, versez, je me fais gloire
De ressembler à mes aïeux.
Entre le chablis que j'honore,
Et l'Aï dont je fais mon Dieu,
Savez-vous ce que j'aime encore ?
C'est le petit coup du milieu (1).

---

(1) *Dans les grands diners, entre le premier et le second service, on boit un verre de liqueur, ou de Rhum, que l'on nomme* coup du milieu.

D'AMOUR.

Je bois quand je me mets à table,
Et le vin m'ouvre l'appétit :
Bientôt ce nectar délectable
Au dessert m'ouvrira l'esprit.
Si tu veux combler mon ivresse,
Viens, Amour, viens espiègle Dieu,
Pour trinquer avec ma maitresse
M'apprêter *le coup du milieu*.

Ce joli *coup*, chers camarades,
A pris naissance dans les cieux ;
Les dieux buvaient force rasades,
Buvaient enfin..... comme des Dieux.
Les Déesses, femmes discrettes,
Ne prenaient point goût à ce jeu :
Vénus, pour les mettre en goguettes,
Proposa *le coup du milieu*.

Aussitôt cet aimable usage,
Par l'Amour nous fut apporté :
Chez nous, son premier avantage,
Fut d'apprivoiser la beauté.
Le sexe, à Bacchus moins rebelle,
Lui rend-il hommage en tout lieu,
Et l'on ne voit pas une belle
Refuser *le coup du milieu*.

Buvons à la paix, à la gloire ;
Ce plaisir nous est bien permis :
Doublons les rasades pour boire
A la santé de nos amis.
Des muses, disciples fidelles,
Buvons à Favart, à Chaulieu ;

Et pour la santé de nos belles
Réservons *le coup du milieu.*

Cependant, il est des cas où la *chanson* exprime des sentimens de tendresse, mais où domine pourtant un esprit de coquetterie qui la rend peu dangereuse pour le cœur : égayer l'esprit, réveiller les sens endormis est son but unique.

 Cœurs sensibles, cœurs fidelles,
 Qui blâmez l'Amour léger,
 Cessez vos plaintes cruelles,
 Est-ce un crime de changer ?
 Si l'Amour porte des ailes,
 N'est-ce pas pour voltiger ?

 Le papillon de la rose
 Reçoit le premier soupir ;
 Le soir un peu plus éclose,
 Elle écoute le Zéphir.
 Jouir de la même chose,
 C'est enfin ne plus jouir.

 Apprenez de ma fauvette
 Qu'on se doit au changement ;
 Par ennui d'être seulette
 Elle eut moineau pour amant :
 C'est sûrement être adroite,
 Et se pourvoir joliment.

 Mais moineau sera-t-il sage ?
 Voilà fauvette en souci ;

S'il changeait..... Dieux ! quel dommage !
Mais moineaux aiment ainsi.
Puisque Hercule fut volage,
Moineaux peuvent l'être aussi.

Vous croiriez que la pauvrette
En regrets se consuma ;
Au village une fillette
Aurait ces faiblesses là :
Mais le même jour fauvette
Avec pinçon s'arrangea.

Quelqu'un blâmera, peut-être,
Le nouveau choix qu'elle fit ;
Un jaseur, un petit maître,
C'est pour cela qu'on le prit :
Quand on se venge d'une traître
Peut-on faire trop de bruit ?

Le moineau, dit-on, fit rage,
C'est là le train d'un amant :
Aimez bien, il se dégage ;
N'aimez pas, il est constant.
L'imiter, c'est être sage,
Aimons et changeons souvent.

En voici une autre très-jolie, dont la morale est qu'en amour il n'existe qu'un moment favorable que les amans ne doivent pas laisser échapper dans la crainte qu'il ne se retrouve plus :

Lise voyait deux pigeons se baiser,
Son cœur ému ne pouvait s'appaiser ;

Le couple heureux s'envola vers la plaine ;
L'instant d'après parut le beau Myrtil.
Ce fut trop tard, Lise était incertaine ;
Myrtil n'osa lui parler de sa peine :
Un peu plutôt que ne paraissait-il ?

Un autre jour assez loin du hameau,
Lise dormait à l'ombre d'un ormeau ;
Un songe heureux la séduit et l'enchante,
A ses genoux elle croit voir Myrtil.
Tout en rêvant, elle l'entend qui chante ;
Elle s'éveille, et se lève tremblante :
Un peu plutôt que ne l'éveillait-il !

Un autre jour sur un sable léger,
Elle traçait le nom de son berger.
Il la surprit : alors plus de mystère,
Elle avoua sa défaite à Myrtil.
Il triomphait de sa rigueur sévère ;
Lise à l'instant voit arriver sa mère :
Un peu plutôt que ne triomphait-il !

Loin du hameau Myrtil s'en est allé ;
Trois mois après il se voit rappelé.
On les unit, et ce fut le plus sage.
Qui fût content ? ce fut Lise et Myrtil.
Mais de l'Amour quand vint le premier gage,
On se disait tout bas dans le village :
Un peu plutôt que ne l'épousait-il !

Myrtil s'en fut dans les pays lointains ;
Ah ! combien Lise accusa les destins !
Enfin Lucas consola la bergère,
Deux ans après revint le beau Myrtil.

Le lendemain elle le rendit père ;
Il calculait, il jurait ; mais qu'y faire ?
Neuf mois plutôt que ne revenait-il !

Je vais terminer mes citations par la suivante, où *Panard* a mis beaucoup de traits un peu libres : il est vrai, le titre de la *chanson* prête à la plaisanterie. Elle est intitulée : *La grande et la petite mesure.*

 Philis est petite, mignonne ;
C'est ce qui m'invite à l'aimer :
Jamais une grande personne
Ne saura si bien m'enflammer.
Le bon goût qu'il faut toujours croire,
Me recommande chaque jour,
 La grande mesure pour boire,
 Et la petite pour l'Amour.

 Une dame grande est altière,
Pleine d'orgueil et de hauteur ;
Elle regarde d'ordinaire
Chacun du haut de sa grandeur.
Pour nous épargner ce déboire,
Chers amis prenez tour à tour,
 La grande mesure pour boire,
 Et la petite pour l'Amour.

 Une gigantesque figure
N'est point du tout ce qu'il me faut ;
Je suis de moyenne stature
Et ne puis atteindre bien haut.
Par ce motif il est notoire
Que je dois prendre tour à tour,

La grande mesure pour boire,
Et la petite pour l'Amour.

Souvent dans la tendre carrière,
On voit broncher un corps trop grand ;
La taille petite et légère
Fait le chemin en se jouant :
Daignez donc à la fin m'en croire,
Et que chacun prenne à son tour,
La grande mesure pour boire,
Et la petite pour l'Amour.

Bien loin d'écouter l'inconstance,
Tant que sur terre on me verra ;
Je penserai comme je pense,
Jamais mon gout ne changera :
J'aurai toujours dans la mémoire
Ce que je conseille en ce jour ;
La grande mesure pour boire,
Et la petite pour l'Amour.

CHARMES.—Une femme dont les formes sont un peu volumineuses, mais bien arrondies, a des *appas*. Une femme dont le ton et les manières, la conversation et la figure ont quelque chose de vif et de piquant, a beaucoup d'*attraits*. Une femme dont la beauté réside dans ce, *je ne sais quoi*, qu'aucune langue n'a jamais encore su définir, et qui fait éprouver à l'ame une volupté toujours nouvelle, a des *charmes*.

Madame T** a des *appas* séduisans; M⁴. B**C** est remplie d'*attraits* enchanteurs; Madame A** n'a peut être ni des *appas* ni des *attraits*, mais elle a des *charmes* invincibles auxquels rien ne peut résister.

Les *appas* attaquent les sens et les subjuguent ; les *attraits* s'adressent à l'esprit et le fixent ; les *charmes* parlent au cœur et font adorer la personne qui les possède.

Cheminée. — Souvent le Plaisir et l'Amour entrent par cette porte. Amans, heureux amans ! que j'envie les délices que vous goûtez, lorsque la jalousie, qui veille, vous a forcé à pénétrer chez votre maîtresse par la cheminée, ou par la fenêtre ! !....

Chère. — Comme on est tendrement aimé lorsque prête à expirer, dans vos bras, de plaisir et d'amour, la douce amie de votre cœur n'a plus la force que de vous dire : *cher* amant ! ah ! *cher* amant ! arrête..... Je me meurs....

Chien. — Est-ce parce qu'il est l'emblême de la fidélité, que nos femmes galantes en portent sans cesse un avec elles ?

Il y aurait encore bien d'autres conjectures à hasarder, mais il est *certains usages* sur lesquels il faut se taire.

Chimère. — Je ne suis pas du nombre de ceux qui soutiennent qu'une véritable *chimère* est la fidélité chez les femmes.

L'Amour se nourrit de *chimères*, et vit bien plus long-temps que l'hymen qui se nourrit de réalités.

Chute. — Le premier pas en Amour.

Circonstances. — Il n'est point de *circonstances* légères quand on aime. Boire dans la coupe que les lèvres d'une amante ont touché n'est rien en apparence, et pourtant cela fait naître dans tous les sens mille émotions délicieuses.

Cœur. — On ne s'est point trompé lorsqu'on a regardé le *cœur* comme le siège de tous les sentimens moraux et le centre de toutes les passions. Le *cœur* nous trompe quelquefois, mais c'est pour nous rendre heureux: la raison nous éclaire et sa lumière affreuse fait souvent notre plus cruel supplice.

Le *cœur* est le palais de l'Amour; aussi cherche-t-il à pénétrer dans celui de toutes les belles. Femmes, méfiez-vous donc de celui qui regarde votre *cœur* comme son patrimoine, n'écoutez pas ses tendres discours, car souvenez-vous que,

Lorsque l'Amour peut entrer dans l'oreille,
Il est bientôt au fond du *cœur*.

Voyez le mot PHALLUS.

COLLÉGE. — Dans le *collége* d'Amour peu d'amans fréquentent la logique, ils se pressent en foule sur les bancs de la physique.

COLOMBES. — Je voudrais que l'on punît sévèrement l'auteur d'un petit ouvrage très-piquant, intitulé, *les Observateurs de la femme*, qui a dit que les femmes étaient des *colombes* avec des serres de vautour.

COMBATS. — Les *combats* du cœur sont doux et pénibles. Quelquefois on envie le sort de ceux qui ont triomphé des penchans de leur cœur. On ignore, sans doute, que le vainqueur verse bien des fois des larmes amères sur sa victoire, tandis que les plus délicieux plaisirs sont la récompense du vaincu.

COMPLAISANCE. — Les maris devraient

écrire ce mot mille fois dans leur maison et sur leur porte, et même sur leur front, qui dès-lors ne serait plus en danger.

Confession — La *confession* serait une très-jolie chose, si tous les confesseurs étaient aussi galans que celui-ci :

> Qu'exigez-vous, belle Zulmé ?
> Qui, moi, dans les replis de votre conscience,
> Porter avec sévérité,
> Le flambeau de la pénitence !
> Moi, confesseur de la beauté ?
> D'un sage directeur ai-je donc l'apparence ?
> En ai-je le maintien, le ton, la gravité ?
> Ai-je sur-tout une oreille aguerrie
> Contre les timides aveux
> D'une pénitente jolie ?
> Si vous m'allez conter d'une voix attendrie
> Quelqu'un de ses péchés heureux
> Qui font le charme de la vie,
> Que deviendrai-je ? un démon tentateur ;
> Dans les sens trop émus du nouveau directeur,
> N'allumera-t-il point une flamme profane ?
> Et n'envierai-je pas dans le fond de mon cœur,
> Tous ces jolis forfaits qu'il faut que je condamne ?
> Enfin, vous le voulez ; je vais vous obéir :
> Quoique novice en cette affaire,
> Que ne ferais-je pas dans l'espoir de vous plaire !
> Recueillez-vous, ma sœur, le guichet va s'ouvrir.

L'ORGUEIL.

Commençons ; à l'orgueil vous êtes vous livrée ?
 Moi je le crois : quand on a vos attraits,
 De tous les cœurs, quand on est adorée,
De cet encens qui brule et ne s'éteint jamais
 Sur les autels dont on est entourée,
Pourrait-on quelquefois ne pas être enivrée ?
 Tout vous conduit vers ce piège trompeur,
 Et le miroir qui répète vos charmes,
Et les tendres regards, et l'hommage flatteur
 De mille amans qui vous rendent les armes,
 Et vos talens, et cet air séducteur,
  Et cette taille de déesse,
  Et ces beaux yeux où la noblesse
  Succède à la tendre langueur,
  Et la langueur à la finesse.
 Aussi, j'excuse en vous cette faiblesse ;
L'humilité ne sied qu'à la laideur.

L'AVARICE.

Poursuivons. Êtes vous encline à l'avarice ?.....
 Vous rougissez, vous avez bien raison ;
  C'est, ma sœur, un fort vilain vice,
Un vice pour lequel il n'est point de pardon.
  Inutile dépositaire
  De tous les trésors de l'Amour,
 N'en doutez pas, vous répondrez un jour
  Du bien que vous auriez pu faire.
Rassurez-vous pourtant ; non, il n'est point
  d'erreurs,
 Qu'un bon repentir ne répare.

Renoncez donc à vos rigueurs ;
Soyez, pour gagner tous les cœurs,
Économe de vos faveurs,
Mais n'en soyez jamais avare.

LA GOURMANDISE.

Le péché des gourmands, parlez-moi sans détour,
Est-il aussi le vôtre ? Ah ! ce serait dommage.
Ce dieu dont votre bouche est le charmant ouvrage,
Qui d'un corail si pur en orna le contour,
Se plût à la former pour un plus digne usage ;
Elle est faite, Zulmé, pour le tendre langage,
Les soupirs, les aveux, les baisers de l'Amour.

LA COLÈRE.

Si quelquefois de la colère
Vous avez senti les accès,
Sans doute les efforts d'un amant téméraire,
De votre cœur avait troublé la paix.
Zulmé, votre courroux n'était point légitime,
Épris de vos attraits, piqué de vos refus,
Son audace était-elle un crime ?
Croyez-moi, ne vous fâchez plus
Contre une erreur si naturelle :
Les desirs qu'on sent naître en vous voyant si belle,
Nuisent bien au respect qu'exigent vos vertus.

L'ENVIE.

Votre ame, j'en suis sûr, du poison de l'envie
A toujours su se préserver ;
Eh ! qui pourrait vous inspirer
Un mouvement de jalousie ?
Vous reste-t-il quelques vœux à former ?
En talens, en appas, vous n'avez point d'égales.

D'un sentiment si bas peut-on vous soupçonner?
Il n'est fait que pour vos rivales.

LA PARESSE.

Il est un péché moins affreux
Auquel, je l'avouerai, je vous crois fort sujette ;
   Péché que plus d'une fillette,
  Entre deux draps, commet souvent seulette...
    Ne baissez point vos deux grands yeux ;
Que rien n'alarme ici votre délicatesse ;
Ce péché-là, Zulmé..... Ce n'est que la paresse ;
  Ne cherchez point à vous en corriger :
Et de l'Amour, si le souffle léger,
Au point du jour, vous berce d'heureux songes,
   Pour le bien de l'humanité,
   Puissent de si rians mensonges
Vous inspirer du goût pour la réalité.

L'IMPURETÉ.

Enfin ma tâche est bientôt achevée ;
De six péchés vous voilà confessée ;
Il en reste un..... Le plus charmant de tous.
De celui-là, s'il est sur la liste des vôtres,
   Non-seulement je vous absous,
  Mais, en faveur de ce péché si doux,
   Je vous pardonne tous les autres.

———

CONFIDENT. — Oh ! le sot rôle que celui de *confident* ! Jeunes amans, redoutez votre confident lorsqu'il a de l'esprit ou qu'il est jeune. Dans l'un de ces deux cas, il nourrit toujours une arrière pensée.

CONFRAIRIE. — Il existe une *confrairie* célèbre qui a commencé presque avec le monde, et qui ne finira probablement qu'avec lui. Les maris l'ont en horreur, et tous y entrent en dépit de leurs verroux, de leurs grilles et de leurs argus, grâces aux soins et aux peines que se donnent pour cela leurs fidelles moitiés. Eve, notre première mère, procura cet avantage à Adam, son époux, aidée de Satan, qui se déguisa en serpent pour la séduire.

Maris, ne vous fâchez point, c'est du dernier ridicule. Rappelez-vous que,

Le bruit est pour le fat, la plainte pour le sot,
L'honnête homme trompé s'éloigne et ne dit mot.

CONQUE DE VÉNUS. — Coquille sur laquelle jadis on représentait cette déesse aimable assise au milieu de la mer ; c'était l'une de ses allégories si familières aux anciens par fois plus que galans ; c'était une allusion aux mystères les plus secrets, aux trésors les plus cachés de la divinité du plaisir.

CONQUÊTES. — Le bonheur suprême de certaines beautés est d'entendre dire qu'elles ont fait tous les jours de nouvelles conquêtes. Un héros est moins glorieux d'avoir soumis les plus vastes provinces qu'une coquette de s'être attirée les regards et les attentions de plusieurs jeunes gens. Les armes dont elle se sert pour faire ces *conquêtes*, sont les *petites façons*, les *regards frippons*, les *souris malins*, les *minauderies* : un général est moins embarrassé pour ranger vingt mille hommes en bataille, qu'elle pour placer une boucle de cheveux, un bouquet, un nœud de ruban, etc., lorsqu'elle veut aller à l'attaque. Deux ou trois courtisans ordinaires n'ont pas assez de toutes leurs lumières pour déterminer la place d'une fleur ; la toilette est le conseil de guerre ; les Tuileries ou l'opéra le champ de bataille ; et comme dans une affaire si grande on n'oublie rien de ce que la prudence humaine peut suggérer, on se flanque de quelques femmes vieilles, laides ou désagréables, afin de briller par le disparate.

CONSEIL. — En voici un qu'*Épicure* donnait à ceux qui fréquentaient son école. C'est un de ses plus aimables disciples qui l'a fait passer jusqu'à nous.

Amans, apprenez la science
D'économiser le plaisir ;

Oui, même, après la jouissance,
Sachez qu'on peut encore jouir.
　　Dans les beaux jardins de Cithère,
Ne cueillez pas tout en un jour ;
Si vous voulez long-temps lui plaire
Ménagez les fruits de l'Amour.
　　Le champ du plaisir est fertile,
Il faut savoir le moissonner ;
Et pour la saison difficile,
Laisser quelque chose à glaner.

Voici d'autres *conseils* qui sont suivis de point en point par toutes les jeunes personnes de ce siècle avec un religieux scrupule. Il est vrai, leur morale est si douce, si aimable, elle parle si bien au cœur qu'il est difficile de résister à ses attraits séduisans.....

　　Vous êtes dans l'âge de plaire,
Iris, vous touchez à quinze ans :
Le plaisir d'une aile légère,
Vient faire briller sur vos sens
Un rayon de cette lumière
Qui rend les jours intéressans.
Je vois une foule d'amans
Ouvrir la brillante carrière
Offerte à vos attraits naissans ;
Je vois leurs regards caressans
Briguer l'honneur de vous soustraire
A cette importante chimère
Qu'on nomme pudeur aux couvens ;

D'AMOUR.

Mais le moyen de leur complaire,
Si de vos charmes innocens
Vous ignorez quel usage on doit faire ?
Laissez-moi donc guider vos pas encor tremblans:
    De l'aurore qui vous éclaire
    Je vais tracer l'itinéraire.

D'abord défaites-vous de ces grands yeux baissés,
    Dont la timide retenue
    Décèle une fille ingénue;
    Cela ne pique point assez :
    On a des yeux pour être vue,
    Non pour les tenir éclipsés
    Sous une paupière abattue.
Un jeune abbé vous lorgne ; est-ce un mal pour rougir ?
On vous le passerait, Iris, à la bavette.
    Quand on est un peu grandelette
    Rougir est d'un fade à périr :
Loin de vous dérober à la tendre lorgnette,
Cherchez en minaudant à fixer ce zéphir,
    Qui tout en tapinois vous guette;
Feignez de rajuster les plis d'une manchette,
Pour montrer à ses yeux un bras fait à ravir,
Et par distraction de l'air d'une Nicette
    Laissez égarer un soupir.

    Vous souriez comme une grâce;
    Mais ce sourire est enfantin ;
    Point de finesse, de dessein ;
    La modestie en vous efface
    La vivacité de l'instinct.

Je vous aimerais mieux ce petit air lutin
  Qui contredit, réveille, agace,
Contre qui la pudeur mal-à-propos grimace ;
  Car après tout les choses vont leur train :
  L'amant paraît, la pudeur embarrasse,
    Et l'on s'en défait à la fin.

Au surplus, dites-moi, d'où tenez-vous ce teint ?
    Savez-vous que cela me passe,
De trouver un minois de rose et de jasmin,
    Dès les six heures du matin ?
    Que voulez-vous donc que l'on fasse
    De la céruse et du carmin ?
Mais c'est votre fureur d'être trop naturelle.
Vous ne connaissez pas tout le piquant de l'art :
Croyez-moi, consultes une glace fidelle,
Donnes à vos appas une couleur nouvelle ;
    Qu'une mouche mise au hazard
  Près de votre œil se montre en sentinelle ;
  Là, convenez que pour être plus belle,
    La nature a besoin de fard.

———

Je ris quand j'aperçois dans vos mains *Labruyère*,
  Quand je vous vois avec un *Fénélon*,
    Un *Bossuet*, un *Massillon*.
Eh ! vous voilà tout-à-fait singulière ;
Vous voulez donc faire quelque sermon ?
Ignorez-vous qu'en nos romans modernes,
    On puise plus de sentimens
    Que dans ces doctes balivernes,
    Où l'on ne voit que le bon sens
  Fait pour ennuyer à quinze ans ?

C'est-là, qu'un cœur simple et novice
Sent développer ses desirs
Sur la délicieuse esquisse
D'un tableau crayonné par la main des plaisirs ;
 C'est-là, qu'un coloris aimable,
 Sait, sur une couche de fleurs,
 Gazer l'indécence des mœurs,
 Et rendre la vertu traitable.
Souvent chez nous, docteurs, le monde est peint en laid,
Au lieu qu'en nos romans, d'un ton plus agréable,
La douce volupté brille dans son portrait.

———

....
....
....
Si l'on en croit encore madame votre mère,
 Vous n'avez qu'un seul caractère.
L'insipide Doris en a bien tout autant.
 Sachez que le moyen de plaire
 Est d'être inégale, légère,
 De varier à chaque instant
 Ce que l'on pense, ce qu'on sent.
Dans l'uniformité on languit, on s'enterre ;
 Se ressembler est un tourment :
 Regardez la nature entière ;
 Diversité fait tout son agrément.
....
....
 Laissez à la femme à ménage
Un air modeste, un caractère uni ;
 Elle est faite pour être sage :

Mais pour vous le caprice est bien mieux de votre
 age ;
Songez qu'il est le charme et la fleur de l'esprit ;
  Qu'une belle s'en embellit.
  Sans les grelots de la folie,
 Rien en effet d'amusant dans la vie,
  Le plaisir même s'y flétrit.

―――

  Pour vous faire une cour brillante,
  Soyez donc vive, inconséquente;
  Annoncez des prétentions,
  Effleurez des tentations :
  Car une fille un peu prudente,
  Depuis quinze ans jusques à trente,
  Doit faire un cours de passions.

―――

Quand on vous parle, un rien vous effarouche,
Vous même vous tremblez de risquer le propos :
  Apprenez qu'une belle bouche
  Met de l'esprit à tous ses mots.
 Tout écouter sans paraître l'entendre,
  Juger de tout sans le comprendre,
  Avoir des vapeurs, du jargon,
  Rire ou bâiller par contenance,
 Dans le public, jouer la résistance,
  Être en secret comme un mouton,
  De nos mœurs voilà la science
  Et l'étiquette du bon ton.
  Envain le scrupule incommode
D'antiques préjugés nous retrace l'erreur ;

En dépit de ce froid censeur
Ne faut-il pas qu'on s'accommode
Aux tendres faiblesses du cœur ?
Un travers ne l'est plus quand il est à la mode.

———

Gardez-vous bien encore de ces vertus d'éclat
Qui ridiculisent le monde ;
Avec un mérite si plat,
Dans un ennuyeux célibat
Il est très-dangereux que l'on ne se morfonde.
La sagesse jadis, pouvait être un état,
Dont ne rougissait point un mérite suprême ;
Mais dans ce siècle délicat,
Pour plaire il faut masquer jusqu'à la vertu même.

———

Enfin, pour compléter ces importans avis,
Devenez petite maîtresse :
Modelez-vous sur nos marquis,
Badinez la raison, des sens flattez l'ivresse ;
Sur un trône entouré des Amours et des Ris,
Donnez des lois à la molesse.
Quel triomphe pour mon Iris !
J'en aurai fait une déesse......

CONSENTEMENT. — Chez l'hymen, on consent de s'aimer et l'on ne s'aime guère ; en Amour, on ne consent à rien et l'on s'aime avec idolâtrie.

CONSIGNE. — Voici la *consigne* qu'un Epicurien donnait chaque matin à son portier. Tous ceux qui se piquent de suivre les lois du dieu d'Amour, ne doivent pas manquer de donner la même au leur, s'il est vrai que beaucoup d'amans aient un portier :

 De ma maison gardien fidelle,
Toi, dont les plus riches cadeaux
N'ont jamais corrompu le zèle,
Voici ta consigne en deux mots :

 Chez moi si l'aveugle fortune,
Par hasard un jour veut entrer ;
Si l'ambition importune
Jusques à moi veut pénétrer,

 N'ouvre point ; toujours à leur suite,
Vole l'essaim des noirs soucis :
Elles mettraient bientôt en fuite
Le bonheur, la paix et les ris.

 A la porte, s'il se présente,
Un bel enfant au doux souris,
Dont la voix est intéressante,
Le jeune Amour, fils de Cypris ;

 Ami, reçois bien sa visite ;
C'est pour notre bonheur commun :
A toute heure ouvre lui bien vite ;
L'Amour n'est jamais importun.

 Si la sagesse avait envie
De me parler ; sans la chasser,
Dis-lui que ton maître la prie
D'attendre, ou bien de repasser.

CONSOLATEUR. — Qu'il est doux de verser un baume *consolateur* dans le sein d'une amante affligée ! et que l'Amour nous récompense bientôt de nos soins affectueux par les sentimens de tendresse que nous ne tardons pas à faire naître !!

CONSONNANCE. — Que celle de deux cœurs est douce et délicieuse ? Hélas ! faut-il qu'elle soit si rare ? ?

CONSTANCE. — Une femme qui demande de la *constance* à celui qu'elle aime, lui annonce par là que l'heure du bonheur est prête à sonner pour lui.

CONTRAT. — Traité nul qui n'engage à rien quand le cœur ne le signe point. De nos jours, un *contrat* de mariage est un engagement réciproque de ne plus s'aimer.

CONVERSATION. — L'Amour sème dans la *conversation* pour recueillir dans le tête-à-tête.

COQUETTE. — Une véritable *coquette* est une femme qui, quoiqu'elle ait plusieurs amans, qu'elle croit aimer, a la folie de vouloir plaire à tout le monde. Elle ne compte les jours que par les conquêtes qu'elle fait ; elle agace l'un, accorde de légères faveurs à l'autre : elle conduit même ses aventures jusqu'à l'instant du dénouement. Rien ne lui coûte pour se faire de nouveaux adorateurs. Elle est d'autant plus dangereuse qu'elle est très-insinuante. Elle possède toutes les minauderies, tous les jolis propos à la mode, ce qui, le plus souvent, est accompagné d'une jolie figure. Prenez garde de vous y attacher, elle vous ferait souffrir le martyre : c'est un vin capiteux dont il faut goûter pour s'égayer, mais dont il ne faut jamais faire son *ordinaire*. Chez une *coquette* l'Amour n'est qu'un jeu ; on lui donne quelquefois de l'esprit, on lui fait trop d'honneur ; elle ne jouit de rien de plus que d'un certain instinct. Son caractère est l'affectation et le caprice. Aujourd'hui l'esprit, la douceur, la bonté du cœur, et toutes les vertus lui servent de masque ; demain la folie, la dureté, l'indifférence ont leur tour ; sa vie n'est qu'un mensonge continuel. Il est impossible à une *coquette* d'aimer autre chose qu'elle même : si elle aimait par hasard quelqu'un, ce caractère n'existerait plus, car la coquetterie et l'Amour sont incompatibles. Sa passion, si elle peut en avoir, prendra la forme de l'indifférence ou de la haine, de même que sa haine et son indifférence prendront celles de la tendresse et de l'amitié. La *coquette* est comme la pierre qui roule et ne s'attache à rien.

COQUETTE (*Vertueuse*). — C'est une femme qui tous les matins fait devant son miroir l'exercice de la coquetterie. Elle est toujours sage parce qu'elle a un tempéramment froid, parce qu'elle redoute les peines cuisantes que l'Amour entraîne à sa suite. Elle est ordinairement gaie, vive, aimable. Elle joint la pureté des mœurs à un goût décidé pour le plaisir : elle concilie la vertu avec toutes sortes d'amusemens. Elle ne parle du cœur que comme les aveugles des couleurs, et ne se doute pas seulement qu'elle en ait un : de la figure, des airs, un joli jargon, des goûts particuliers, c'est tout ce qu'elle possède. Pourvu qu'elle puisse se dire à elle-même, je n'ai rien à me reprocher, elle s'embarrasse peu de ce qu'on peut imaginer sur son compte ; en conséquence, elle fait des agaceries, tient des propos que presque tous les hommes interprêtent en leur faveur; elle est flattée de s'entendre dire qu'on l'aime; elle quête même les déclarations. Souvent, au lieu de déguiser ses défauts elle cache ses vertus. C'est une aimable protée qui est d'autant plus à craindre qu'elle parait frivole, décidée vis-à-vis les hommes, et qu'elle est solide, raisonnable, vertueuse par rapport à elle-même.

COSMOPOLITE. — Il n'existe pas d'autre *cosmopolite* que l'Amour.

COURANT. — On peut ignorer l'histoire de son pays, les premiers élémens des connaissances les plus importantes dans le commerce de la société, mais il n'est pas décent, il est *inouï* de n'être pas ce qu'on appelle au *courant*, c'est-à-dire, d'ignorer les anecdotes galantes et satyriques de la cour, de la ville, des coulisses, etc.

CROIRE. — On s'est trompé lorsqu'on a dit que le catholicisme demandait beaucoup de foi. C'est en Amour où il faut une foi vive et ardente pour être heureux. Celui qui ne *croit* point aux promesses d'une amante, n'aime que faiblement.

D'AMOUR.

CRUAUTÉ. — Ce mot annonce quelquefois moins l'insensibilité d'une femme que l'impatience de celui qui l'aime.

CRUELLES. — Toutes les femmes *cruelles* ressemblent à celles d'Ausone, qui, après avoir menacé Cupidon de le crucifier, réduisent le supplice à le fouetter avec des roses.

CURIOSITÉ. — Ridicule envie de savoir si l'on n'est point trompé par une maîtresse ou une épouse. Cette envie ne tourne jamais à bien. *Cervantes* a composé une nouvelle qui le prouve clairement ; il y compare les femmes à du cristal, qu'il n'est pas d'un homme prudent de jeter sur le pavé, pour essayer s'il casserait ou non.

Maris, avez-vous quelque doute ?
Ne cherchez point à l'éclaircir.
Le moins qu'il en coûte
C'est un repentir.

Cette curiosité réveille *le chat qui dort :* une femme se fâche qu'on la soupçonne injustement, et donne enfin matière à des soupçons bien fondés.

D.

Danse. — Triomphe des femmes : grâces, légèreté, souplesse, gestes piquans, attitudes voluptueuses, tous leurs talens, tout leur mérite enfin se développent dans cet exercice, qui fait tourner nos têtes avec elles, et enchaîne nos cœur sur leurs pas.

Décence. — La décence ajoute à la beauté, embellit la laideur, multiplie les desirs, double le bonheur, et donne à sa jouissance une volupté nouvelle : c'est le vernis de l'Amour et le sel des plaisirs. Une femme qui néglige la décence, néglige ses plus chers intérêts.

Déclaration. — Il est plus aisé à un marin d'attaquer un vaisseau à trois ponts, à un général d'armée de livrer une bataille, à un poëte de faire une tragédie, à un médecin de tuer un malade, à un chimiste de faire de l'or, à un savant d'être aimable, qu'à un homme profondément amoureux de faire une première *déclaration* à une jeune fille de quinze ans.

Dédale. — Le cœur d'une femme est un

dédale où l'on s'égare avec tant de plaisir que l'on craint toujours de se retrouver.

DÉFAUTS. — Une femme n'a pas de *défauts* aux yeux de son amant, ou il faut qu'elle les ait tous et qu'elle soit bien maladroite pour qu'il s'en aperçoive.

DÉLICIEUX. — On ne doit employer cet adjectif harmonieux que lorsqu'on parle des plaisirs de l'Amour. C'est dans ce cas-là qu'il peint parfaitement les sensations qu'on éprouve. Ailleurs, il est commun et annonce l'afféterie.

DEMAIN. — Qu'il est doux d'être remis à *demain* ! la journée ne se passe ordinairement pas sans qu'on ait bu dans la coupe de la volupté......

DÉPLAIRE. — Il est aussi aisé de *déplaire* quand on n'est point aimé, qu'il est aisé de plaire quand on est aimé.

DÉRAISONNER. — Jamais une femme n'est plus aimable que lorsque tête-à-tête avec celui qu'elle aime, elle rit, chante, *déraisonne*, et ne sachant trop comment finir un discours interrompu vingt fois par les caresses qu'elle reçoit, elle se précipite dans les bras de son amant et cherche sur sa bouche adorée le mot qui lui échappe.....

DÉROBER. — Les femmes ne donnent de bon cœur que ce qu'on leur dérobe.

DÉSESPÉRER. — *Mon dieu, laissez-moi, vous me désespérez...* Il n'est pas trop à plaindre celui à qui une femme adresse ces aimables paroles ; elles lui annoncent qu'il est inutile de se livrer au désespoir, parce qu'on est tout disposé à lui faire goûter la suprême félicité....

DESIR. — C'est un cable avant d'être satisfait ; ce n'est plus qu'un fil quand il est satisfait......

DESIRS. — Heureux qui peut conserver des *desirs* pour le lendemain.

DÉTAILS. — Il est rare qu'une femme y trouve son compte. O! S. ...! toi seule y gagnes ; et lorsque des agrémens physiques que t'a donné la nature on passe aux qualités morales qu'elle t'a prodigué, s'il est possible avec plus d'abondance que les premiers, on quitte un pays enchanté où naissent les plus belles fleurs, pour parcourir des régions célestes où l'on erre au milieu des sentimens les plus doux de la vie.

DEUCALION. — Suivant la fable, c'est un des réparateurs du genre humain après le déluge. Pour mériter ce nom, il s'y prit d'une étrange manière, qui nous explique assez bien l'origine de la différence des caractères parmi les hommes. Par ordre des Dieux, *Deucalion* et *Pyrrha*, sa femme, se promenèrent sur la surface de la terre, en jettant derrière eux, par dessus leur tête, les pierres qui se trouvaient sur leur chemin. Chaque pierre jettée par le mari produisait un homme, celle jettée par l'épouse faisait naître une femme.

De la pierre d'Egypte qui résiste au feu, naquit sans doute l'indifférent : de la pierre calcaire qui se résout facilement en chaux vive, naquit le caractère bouillant : la pierre de cloche qui résonne comme l'airain, engendra les babillards : de la pierre colubrine, qui n'est susceptible d'aucun poli, naquirent les gens grossiers, les cyniques : la pierre calamine, qui reçoit du feu un éclat argentin, produisit la race des génies heureux ; la pierre écumante, qui bouillonne dans la flamme, donna naissance aux colériques ; celle à fard, aux coquettes ; la pierre de touche, aux vrais amis ; la pierre de fiel, qui n'est que la bile desséchée des animaux, donna le jour aux vindicatifs, aux envieux, aux mauvais cœurs ; la pierre lumineuse, produisit les gens d'esprit, les poëtes, les orateurs ; la pierre meûlière, dont on se sert pour mettre le grain en poudre, enfanta les tyrans ; la pierre odorante, les hommes aimables, les honnêtes gens ; la pierre ollaire, qui est si glissante, engendra les prudes ; la pierre ponce, les petits maîtres ; et les pierres précieuses, si rares à trouver, produisirent les vrais amans....

Deux. — C'est le nombre favori de l'Amour.

Devise. — Tout ou rien, c'est la devise de l'Amour.

Devoir. — Ce mot effarouche les grâces et fait fuir les Amours. Les *devoirs* dictés par le plaisir, sont doux à remplir ; ceux que dicte la raison, n'ont pas les mêmes attraits, il faut s'armer de courage pour s'y soumettre. En général, le *devoir* est un maître incommode, dont tout le monde cherche à s'affranchir. Une coquette ne manque pas d'en faire un bouclier qu'elle oppose, pour la forme, à toutes les attaques, au devant desquelles elle vole avec délices : mais ce bouclier de gaze légère n'est impénétrable, qu'aux traits d'un novice.

Dévote. — La véritable *dévote*, ou plutôt la femme pieuse, est la femme du monde la plus respectable ; elle paraît pour l'ordinaire heureuse ; on voit la tranquilité répandue sur son visage. Si elle a des peines, elle les offre à Dieu sans en étourdir les oreilles du public ; elle fait du bien quand elle le peut, simplement pour le plaisir de le faire ; elle n'en tire point vanité ; elle ne parle jamais mal de personne. Si par hasard elle en entend dire de quelqu'un, elle prend avec douceur le parti de la personne absente ; si ce que l'on dit est trop avéré, elle cherche à pallier sa faute ; si elle ne le peut, elle change de conversation. Elle est sans faste, sans orgueil, sans jalousie ; elle n'affiche point trop la dévotion ; elle se contente de prêcher d'exemple ; si elle en parle, ce n'est qu'à ses enfans ou à ses domestiques. Elle est d'un commerce doux et agréable ; en un mot, elle a l'ame belle selon Dieu et selon les hommes.

On va s'écrier qu'un pareil portrait est idéal ; nous répondrons que toutes les copies qui en existent, sont, il est vrai, de la plus grande rareté ; mais quelle que soit la difficulté qu'il y ait pour en trouver, nous ne dirons point que le hasard n'en puisse faire rencontrer quelquefois. M. F......, qui présente l'image d'une pareille réunion de vertus, ne peut être la seule femme au monde à qui la nature ait accordé ce précieux avantage.

Dévote (*Fausse*). — Ce qu'on désigne ordinairement dans les annales de l'Amour par une *dévote*, n'est que la femme hypocrite (*voyez ce mot*). La fausse *dévote*, loin d'être aimable comme celle-ci, a autant d'imperfections en partage que la femme pieuse possède de vertus. Elle est maussade, capricieuse, incommode, orgueilleuse. Elle parle sans cesse de dévotion ; elle ne connaît d'honnêtes gens que ceux qui sont toujours dans les églises ; elle les verrait cependant mourir de faim, sans les assister, à moins que sa charité ne soit connue de tout le monde. L'amour-propre est la base sur laquelle sont fondées toutes ses actions. Elle ne connaît de crime que l'Amour ; elle se permet tous les autres ; elle est médisante, menteuse, colère, calomniatrice. Elle ne pardonne jamais ; elle a de pieuses fantaisies qu'elle suit comme des inspirations. Elle écoute son cher directeur comme un oracle ; elle ne voit et n'entend que par lui. Quand elle va à confesse, c'est plutôt pour dire les péchés des autres que les siens. Elle fait servir la piété à son ambition ; elle se réjouit du malheur de ceux qui ne pensent pas comme elle, et en profite, si elle le peut. Je ne crois pas que dans le monde il y ait rien de si dangereux que le ressentiment d'une pareille *dévote*.

Autant les copies du portrait précédent sont rares, autant les copies de celui-ci sont communes et faciles à trouver, en province sur-tout où la dévotion est devenue un peu à la mode depuis quelque temps.

DIABLE. — Puisse-t-il faire un mauvais parti à ceux qui définissent le *diable*, une femme sans laideur et sans griffes. Une femme être le *diable* ! quel affreux blasphême !!! ah ! écoutons plutôt *Labruyère* : une femme, s'écrie-t-il, qui a les qualités d'un honnête homme, est, ce qu'il y a au monde d'un commerce plus délirieux, puisqu'on trouve en elle les mérites des deux sexes.

Directeur. — Les jours de jubilations et de fêtes se sont changés pour les *directeurs* en des jours de tristesse et de misère. Le temps n'est plus où ces hommes de dieu avaient des pénitentes jeunes, belles et riches qu'ils conduisaient par des chemins jonchés de fleurs dans le céleste Paradis, duquel ils s'empressaient d'avance de leur faire goûter toutes les délices et toutes les joies. Quelques vieilles marquises ruinées, quelques religieuses sexagénaires, quelques dévotes bien laides, bien ennuyeuses, voilà, maintenant, les insipides personnages qui occupent les loisirs des *directeurs* Aussi, les voit-on pâles, secs, l'œil creux, la mine allongée, tandis, qu'autrefois, leur embonpoint, leurs yeux brillans, leurs figures rubicondes inspiraient le plaisir et la gaîté. Lisez le portrait d'un *directeur* du dix-septième siècle, par le jauseniste *Boileau*.

.... Quel vermillon ! quel teint !
Le printemps dans sa fleur sur son visage est peint.
Cependant à l'entendre il se soutient à peine.

Il eut encore hier la fièvre et la migraine;
Et, sans les prompts secours qu'on prit soin d'apporter,
Il serait sur son lit peut-être à trembloter.
Mais de tous les mortels, grâce aux dévotes ames,
Nul n'est si bien soigné qu'un directeur de femmes.
Quelque léger dégoût vient-il le travailler;
Une faible vapeur le fait-elle bâiller;
Un escadron coiffé d'abord court à son aide:
L'un lui chauffe un bouillon, l'autre apprête un remède;
Chez lui, sirops exquis, ratafias vantés,
Confitures sur-tout, volent de tous côtés:
Car de tous mets sucrés, secs, en pâte, ou liquides,
Les estomacs dévots toujours furent avides:
Le premier massepain, pour eux, je crois se fit,
Et le premier citron à Rouen se confit.

Dans un pareil ouvrage un article sur les *directeurs* paraît inutile; mais comme avant la révolution ces messieurs jouaient un grand rôle dans les intrigues amoureuses de la ville et de la cour, qu'ils préparaient et faisaient réussir avec un talent merveilleux, nous avons cru faire plaisir à nos lecteurs que de leur dire un mot de ces anciens héros de la galanterie....

DONNER. — Terme très-touchant à qui tous les autres cèdent en énergie. Une coquette, dit-elle à son amant: *Voilà un* diamant qui jette beaucoup de feux : s'il répond simplement : *cela est vrai*, en changeant de conversation, c'est ne savoir pas s'exprimer. Mais, si le tirant de son doigt, il le lui fait essayer et qu'ensuite il ne veuille pas le retirer, en ajoutant qu'il sied mieux dans une si belle main, c'est parler fort poliment. C'est le langage qui plait le plus aux actrices et qui fait le plus d'impression sur leur cœur.

Douceur. — C'est la force et la vertu des femmes. Avec la *douceur* une femme abat à ses pieds l'homme le plus redoutable : et quel serait le barbare qui résisterait à la *douceur* réunie à la beauté !!...

Doucereux. — C'est un homme qui fait le passionné sans l'être. On appelle ainsi ses fades faiseurs de protestations devant qui des yeux, et un minois passables, ne sauraient paraître sans être attaqués de mille fleurettes. Leur admiration ne fait quartier sur rien ; et une femme ne saurait faire un pas, ni dire un mot qui ne lui attire une pluie de louanges : ce sont des insectes insupportables.

Dupe. — C'est en Amour donner beaucoup, et ne rien recevoir ; mettre ses présens et sa tendresse à fonds perdu ; être de ceux dont une coquette dit quelque part :

>Mon cœur n'en fut jamais charmé ;
>Je le regarde, et je le traite
>Comme les herbes que l'on jette
>Quand le suc en est exprimé.

E.

École. — Maître Cupidon tient son *école* à la toilette des belles : c'est au boudoir qu'il donne les prix.

Écrire. — Voici un reproche plein de grâce et d'Amour qu'un amant adressait à sa maîtresse :

>Vous n'écrivez que pour écrire ;
>C'est pour vous un amusement :
>Moi, qui vous aime tendrement,
>Je n'écris que pour vous le dire.

Les savans attribuent à plusieurs personnes l'invention de l'art d'écrire. Nous préférons là-dessus nous en rapporter à Héloïse : dans le *Dictionnaire de l'Amour*, l'autorité de la maîtresse d'Abailard doit être regardée comme la meilleure :

.......Ce commerce enchanteur,
Aimable épanchement de l'esprit et du cœur,
Cet art de converser sans se voir et s'entendre,
Ce muet entretien si charmant et si tendre,
L'art d'écrire, Abailard, fut sans doute inventé
Par l'amante captive ou l'amant agité.
Tout vit par la chaleur d'une lettre éloquente;
Le sentiment se peint sous les doigts d'une amante.
Son cœur s'y développe, elle peut sans rougir,
Y mettre tout le feu d'un amoureux désir........

ÉLECTRICITÉ. — l'Amour est, pour ainsi dire, une *électricité* morale et physique tout à la fois.

ÉLÉGANT. — Amant de parade. Femmes sensibles méfiez-vous d'un amant trop élégant; il aime beaucoup, mais c'est lui qu'il aime !

ÉLOQUENCE. — Il n'en est qu'une, celle de l'ame ; elle s'apprend sans rhéteur.

EMBARRAS. — Ceux qui ont aimé se rappellent avec ravissement cette situation où l'on se trouve lorsque, pour la première fois, on s'enivre des délices de l'Amour... Pourrai-je oublier jamais la soirée enchanteresse où ma bien aimée, timide, embarrassée, les yeux pleins des larmes du plaisir, n'osait arrêter son regard sur celui dont elle venait de faire le bonheur, en s'abandonnant à lui ! Dieux ! que son *embarras* était touchant ! comme toute sa tendresse s'y peignait avec feu !!....

Émotion. — C'est ce sentiment subit et involontaire qu'une tendre amante éprouve à la vue inattendue de son bien-aimé ; l'œil s'anime, le sein oppressé bat précipitamment, et la chaleur du cœur couvre les joues d'un pourpre éclatant.

Empire. — Belles, méfiez-vous de ces amans si généreux en apparence, qu'ils ne cessent de vous répéter que vivre sous votre *empire* est leur unique désir, qu'ils n'attendent de vous aucune autre espèce de faveur. Malgré leurs humbles discours, ils ressemblent à ces politiques qui vont, par l'abaissement, au pouvoir souverain ; qui s'humilient jusqu'à respecter les caprices d'un peuple mutiné, pour se frayer un chemin au trône.

Emploi du temps. (l'). — O amans, puissiez-vous graver dans votre mémoire ces vers ! ils renferment autant de vérités que de mots. Et vous, femmes sensibles, qui renvoyez au lendemain à faire le bonheur de celui que vous aimez, n'oubliez point que vous ne serez peut-être pas maîtresses de ce lendemain !

Plus inconstant que l'onde et le nuage,
Le temps s'enfuit pourquoi le regretter ?
 Malgré la pente volage
  Qui le force à nous quitter,
   En faire usage
   C'est l'arrêter.
  Goûtons mille douceurs ;
 Et si la vie est un passage,
Sur ce passage, au moins, semons des fleurs.

ENCORE !... — Quel feu dans cet adverbe prononcé et répété avec enthousiasme pendant ce délicieux et court instant de la vie, où plongé dans les délices de la volupté, on peut à peine supporter les inéffables jouissances qui embrâsent tous les sens ! !

ENFER. — Les prédicateurs composent de beaux sermons sur l'*enfer*, et ils ne parviennent jamais à donner à leur auditoire une idée exacte de ce lieu épouvantable. Nous allons leur enseigner une recette nouvelle pour le faire connaître à toute la terre. La voici : qu'ils conseillent aux femmes de prendre un mari *vieux et jaloux*, comme monsieur A**, et aux hommes une femme *coquette et dévote*, comme madame P** !

ENGAGEMENT. — Un tendre *engagement* va plus loin qu'on ne pense,
> On ne voit pas quand il commence,
> Tout ce qu'il doit coûter un jour.

C'est souvent une chaîne dont les premiers chaînons sont invisibles et dont les derniers deviennent si forts, que lorsqu'on en sent le poids on ne peut plus s'en dégager.

ÉNIGME. — L'Amour est un *énigme* avant d'aimer, et lorsqu'on a cessé d'aimer...

ENLAIDIR. — Rien n'*enlaidit* davantage une femme, que de ne plus aimer.

ENTHOUSIASME. — Que j'aime celui d'un amant !... Que sa bien-aimée saisisse ces momens de feu, où son cœur exalté croit tout possible, où son œil enchanté voit tout en beau ; elle saura, s'il est guerrier, d'un Thersite en faire un Achille ; s'il est poëte, un Homère d'un Zoïle.

ENTRETIEN. — (*V. les vers suivans*).

Des femmes, il est vrai, le plus grave *entretien*,
Tout bien considéré, peut se réduire à rien :
Mais ce rien dans leur bouche a l'air de quelque
    chose ;
Les femmes ont le don de la métamorphose ;
Elles savent donner de la réalité
Aux êtres de raison que leur fécondité
Enfante en se jouant. Ces enfans éphémères
Apportent en naissant les grâces de leurs mères.
Aussi, pour soutenir la conversation,
Leur esprit ne met point à contribution
L'histoire, la science, encore moins la sagesse :
C'est dans ses propres fonds qu'il puise sa ri-
    chesse.

ÉPANCHEMENS. — Ah ! il n'a pas encore connu le bonheur, l'amant qui, tout entier à ses transports, ignore la douceur de ces instans qui succèdent à la jouissance ! de ces instans précieux où l'ame affaissée, pour ainsi dire, sous le poids du plaisir, se replie sur elle-même ; où le cœur revenu de son délire, l'analyse, le décompose avec l'objet qui l'a partagé, et se livre aux sentimens qu'il éprouve !!... « Rends-moi, » s'écrie St.-Preux, rends-moi, ô ma » Julie ! cet abattement si doux, rempli » par les effusions de nos cœurs ; rends-

» moi ce sommeil enchanteur, trouvé sur
» ton sein ; rends-moi ce réveil plus dé-
» licieux encore, et ces soupirs entrecou-
» pés, et ces douces larmes, et ces baisers
» qu'une voluptueuse ardeur nous faisait
» lentement savourer, et ces gémissemens
» si tendres, durant lesquels tu pressais sur
» ton cœur, ce cœur si bien fait pour s'u-
» nir à lui..... ».

ÉPICURE. — Philosophe bien digne de ce titre, puisqu'il faisait reposer la Volupté entre les bras de la Sagesse ; homme austère, sous les dehors d'un homme aimable, il sut dérider le front de la Morale, et parer de fleurs le sein de la Philosophie. Il fut chaste tout en donnant des leçons à Léontium ; et eut des mœurs vierges, tout en se promenant dans les jardins contagieux d'Athènes. Les plaisirs de l'amitié étaient les seules jouissances de celui qui faisait consister le souverain bien dans le plaisir ; du pain et de l'eau couvraient la table de celui dont l'école avait pour enseigne la Volupté.

ÉPOUVANTAIL. — (*Un mari*). L'Amour, à la vue d'un mari, fuit avec les

Plaisirs, les Ris et les Jeux. Les autres compagnons de ce Dieu charmant, les Peines, les Soucis, la Jalousie, moins légers que les premiers, restent avec le mari, qui, sans le vouloir, les enchaîne à sa suite.

Époux. — Quand l'Amour donne ce titre, il l'accompagne d'une dot précieuse ; le bonheur : quand l'hymen le donne, il l'accompagne d'une dot affreuse ; les regrets, les ennuis et les chagrins.

Espérance. — Nourrice complaisante qui berce l'Amour sur ses genoux, et qui allaite, jusqu'à leur mort, toutes les créatures vivantes.

Estime. — *Je vous estime*. Ces mots dans la bouche d'une jeune vierge qui n'osa prononcer encore le mot *Amour*, veulent dire que son cœur partage la tendresse qu'elle inspire : dans celle d'une coquette, *je vous estime*, est une tournure honnête pour dire : « vous m'étourdissez de votre amour ; que voulez-vous que je vous dise ? Que je vous hais ? Ce serait blesser toutes les règles de la politesse »......

Éternité. — O moment de la jouissance, que n'es-tu l'*éternité* ! ! !

Étrangère. — Une jolie femme ne l'est nulle part. Par-tout est sa patrie ; elle est par-tout à sa place ; elle ne court aucun danger par-tout où il y a des hommes. Que dis-je ! elle ne court pas même de dangers dans les bois ; car on assure que jamais joli visage ne fut mangé des loups.

Éventail. — Instrument inventé par la coquetterie ; petit meuble de femme, très-commode pour suppléer au défaut de pudeur, et taillé de manière qu'il laisse tout voir sans qu'on soit obligé de rougir.

Excès. — Assassins de l'Amour.

Excuse. — La meilleure *excuse* qu'on puisse faire à une femme pour une *certaine offense*, c'est celle qui consiste en une nouvelle offense.

Expédient. — L'Amour est le père aux *expédiens*.

Expressif. — Qu'une femme est expressive quand elle aime ! ! !

Extase. — C'est ce délicieux moment où deux cœurs portés au sommet du bonheur, en ont perdu le sentiment. Ce moment, hélas ! trop peu durable, qui tient, pour ainsi dire, le milieu entre le néant et l'existence ; pendant lequel deux amans se regardent sans se voir, se touchent sans se sentir ; pendant lequel toutes les facultés de l'ame et du corps sont suspendues : moment d'une jouissance céleste, dont on ne connaît bien tout le prix, que quand il n'est plus ! !

Extérieur. — O femmes ! vous avez plusieurs fois éprouvé combien il est trompeur ! Inconséquentes que vous êtes, pourquoi donc vous y arrêtez-vous presque toujours ?...

Extorquer. — Ce verbe est toujours pris en mauvaise part. Un mari *extorque* ce qu'un amant *dérobe*.

F.

Faiblesses. — Il n'est pas permis à toutes les femmes d'avoir des *faiblesses*.

Fantaisie. — Une *fantaisie* est souvent la cause de notre félicité. Une femme nous l'a appris :

> D'aimer un jour je pris la *fantaisie*,
> Et ce désir fut mon amusement :
> L'amusement devint un sentiment ;
> Ce sentiment, le bonheur de ma vie.

FARD. — Le *fard* est dans la toilette, ce que le poison est dans la pharmacie. L'un employé par une main habile se métamorphose en un remède bienfaisant ; l'autre employé par une femme adroite est un embellissement que nous ne devons pas lui reprocher, puisqu'elle ne cherche par ce stratagème qu'à nous plaire plus long-temps. Ce désir de nous plaire n'est-il donc pas un hommage rendu à notre sexe !!.....

FAUBOURGS. — Au rapport des voyageurs philosophes, les *faubourgs* de Paphos sont presqu'aussi agréables que le centre de la ville. Il y en a même qui s'y sont plû davantage et ne se sont pas souciés de passer outre.

FAVEURS. — Que d'images voluptueuses dans ce seul mot !!
Les amans sont bien adroits ! qu'une

femme est embarrassée pour résister à d'aimables séducteurs qui prennent toutes les formes lorsqu'ils veulent venir à leurs fins !! Et Dieu sait quelles sont leurs fins !!...

Les *faveurs*, par exemple, un amant les diminue ou les grossit suivant les circonstances.

Il grossit les petites, parce qu'en témoignant une vive reconnaissance, en paraissant transporté de plaisir pour une légère *faveur*, il inspire l'envie de lui en accorder de plus grandes. Il a l'air de vous dire qu'alors rien n'égalera son bonheur, ni l'empressement qu'il mettra à saisir toutes les occasions de donner des preuves d'un attachement extraordinaire...... Il diminue autant qu'il le peut, l'idée des grandes *faveurs* pour qu'une femme ne se formant pas une image trop haute de la grâce qu'il demande, soit plus disposée, pour qu'elle ait moins de peine à la lui accorder.....

FEMME. — Il n'existe que celle qu'on aime, disent les philosophes. Tu es donc seule au monde pour moi, ô ma S.....tt

FEMMES. — (*V. les vers suivans*).

Tout le monde connaît leur imperfection,
Ce n'est qu'extravagance et qu'indiscrétion,
Leur esprit est méchant et leur ame fragile,
Il n'est rien de plus faible et de plus imbécille,
Rien de plus infidelle ; et malgré tout cela,
Dans le monde on fait tout pour ces animaux-là.

Heureusement que celui qui parle des *femmes* avec tant de dépit et de colère est un vieillard fâché, un amant en cheveux gris, dont les discours, par conséquent, ne méritent aucune créance et ne feront jamais autorité.

Le philosophe s'exprime d'une autre manière. Sans les *femmes*, dit-il, les hommes qui en font les êtres les plus malheureux de la terre, s'entre-déchireraient et ressembleraient aux bêtes féroces. Si l'on parcourt les pays et les siècles, on verra presque partout les *femmes* adorées et opprimées. L'homme qui n'a jamais manqué une occasion d'abuser de sa force, en rendant hommage à leur beauté, s'est par-tout prévalu de leur faiblesse. Il a été tout à la fois leur tyran et leur esclave. La nature elle-même en formant des êtres si sensibles et si doux, semble s'être bien plus occupée de leurs charmes que de leur bonheur. Sans cesse environnées de douleurs et de craintes, les *femmes* partagent tous nos maux, et se voient encore assujetties à des maux qui ne sont que pour elles. Elles ne peuvent donner la vie sans s'exposer à la perdre. Chaque révolution qu'elles éprouvent, altère leur santé et menace leurs jours. Des maladies cruelles attaquent leur beauté ; et quand elles échappent à ce fléau, le temps leur enlève tous les jours une partie d'elles-mêmes. Alors elles ne peuvent plus attendre de protection que des droits humilians de la pitié, ou de la faible voix de la reconnaissance.

.... Avec notre existence,
De la *femme* pour nous le dévouement commence.
C'est elle qui, neuf mois, dans ses flancs doulou-
 reux,
Porte un fruit de l'hymen trop souvent malheu-
 reux,
Et, sur un lit cruel long-temps évanouie,
Mourante, le dépose aux portes de la vie.
C'est elle qui, vouée à cet être nouveau,
Lui prodigue les soins qu'attend l'homme au ber-
 ceau.
Quels tendres soins! dort-il? attentive, elle chasse
L'insecte dont le vol ou le bruit le menace ;
Elle semble défendre au réveil d'approcher.
La nuit même d'un fils ne peut la détacher ;

Son oreille de l'ombre écoute le silence ;
Ou, si Morphée endort sa tendre vigilance,
Au moindre bruit r'ouvrant ses yeux appesantis,
Elle vole, inquiète, au berceau de son fils,
Dans le sommeil, long-temps le contemple immobile,
Et rentre dans sa couche, à peine encore tranquille.
S'éveille-t-il ? son sein à l'instant présenté,
Dans les flots d'un lait pur lui verse la santé.
Qu'importe la fatigue à sa tendresse extrême ?
Elle vit dans son fils, et non plus dans soi-même;
Et se montre aux regards d'un époux éperdu,
Belle de son enfant à son sein suspendu.
Oui, ce fruit de l'hymen, ce trésor d'une mère,
Même à ses propres yeux, est sa beauté première.

La société ajoute encore pour les *femmes* aux maux de la nature. Plus de la moitié du globe est couverte de sauvages ; et chez tous ces peuples les *femmes* sont très-malheureuses. L'homme sauvage, tout à la fois féroce et indolent, ne connaissant presque que le physique de l'Amour, commande despotiquement à des êtres que le Ciel fit ses égaux, mais que la faiblesse lui assujettit. Aussi a-t-on vu sur les rives de l'Orénoque des mères tuer leurs filles par pitié, ou les étouffer en naissant. Elles regardaient cette pitié barbare comme un devoir.

Chez les Orientaux on trouve un autre

genre de despotisme, autorisé par les mœurs et consacré par les lois. L'Asie entière est couverte de ces prisons où la beauté esclave attend les caprices d'un maître. Là, des multitudes de *femmes* rassemblées n'ont des sens et des volontés que pour un homme. Là, elles sont obligées de payer leur servitude même par l'amour le plus tendre, ou ce qui est plus affreux, par l'image de l'Amour qu'elles n'ont pas. Là, le plus humiliant despotisme les soumet à des monstres qui n'étant d'aucun sexe, les déshonorent tous deux. Là, enfin, leur éducation ne tend qu'à les avilir; leurs vertus sont forcées; leurs plaisirs même tristes et involontaires; et après une existence de quelques années, leur vieillesse est longue et affreuse.

Dans les pays tempérés où le climat donnant moins d'ardeur aux desirs, laisse plus de confiance dans la vertu, les *femmes* n'ont pas été privées de leur liberté, mais la législation sévère les a mises partout dans la dépendance. Elles sont asservies à des nœuds indissolubles qui souvent joignent pour jamais la douceur à la férocité, et la sensibilité à la haine. Esclaves de l'opinion qui les domine avec empire, et leur fait un crime de l'apparence même. Elles sont environnées de toutes parts de juges qui sont en même temps leurs séducteurs et leurs tyrans, et qui, après avoir préparé leurs fautes, les en punissent par le déshoneur, ou usurpent le droit de les flétrir sur des soupçons...... Tel est à peu près le sort des *femmes* sur toute la terre. L'homme à leur égard, selon les climats et les âges, est indifférent ou oppresseur; mais elles éprouvent tantôt une oppression froide et calme, qui est celle de l'orgueil; tantôt une oppression violente, qui est celle de la jalousie. Quand on ne les aime pas, elles ne sont rien; quand on les adore, on les tourmente. Elles ont presqu'à redouter également et notre indifférence et notre Amour. Sur les trois quarts de la terre, la nature les a placées entre le mépris et le malheur.

FENÊTRE. — L'Amour, lorsqu'il fait des visites aux belles, a si peu de fierté qu'il entre et sort avec plus de plaisir par la *fenêtre* que par la porte.

FIDELLE. — Être *fidelle* à l'Amour, c'est

travailler à perpétuer les plaisirs ; l'être à certaines femmes, c'est vouloir mourir de tristesse et de langueur.

Figure (*jolie*). — C'est une excellente lettre de recommandation, qui fait accueillir, à Paris, par les femmes, celui qui la porte avec une prédilection toute particulière.

Fille. — Dans nos mœurs actuelles, l'état de *fille* est un état de crainte, de sujettion et d'esclavage ; une *fille* est aujourd'hui une personne qui s'ennuie de la discipline domestique ; le mariage est la porte par où elle cherche à sortir de cette captivité.

Vieille fille est une injure atroce qui se dit de celles qui n'ont pu conduire personne jusqu'à l'hymen.

Finirez-vous ? — Terme d'encouragement ; conseil charmant de ne pas finir, de continuer ses entreprises.

Flambeau. — Quand l'Hymen veut allumer son *flambeau* à celui de l'Amour, il éteint le *flambeau* de son frère et n'allume pas le sien. Celui du Dieu de Cythère n'a besoin d'aucun secours étranger pour brûler, il s'allume en s'agitant.

Fleurs. — Les femmes sont dans le monde moral, ce que les *fleurs* sont dans le monde physique. Quand on aime l'odeur embaumée d'une simple *fleur*, elle réveille les sens, elle répand dans l'ame un charme secret qu'on ne peut définir ; on croit respirer le souffle parfumé de son amante :

Fleurs charmantes ! par vous la nature est plus belle ;
Dans ses brillans tableaux, l'art vous prend pour modèle ;
Simples tributs du cœur, vos dons sont chaque jour,
Offerts par l'amitié, hasardés par l'amour.
D'embellir la beauté vous obtenez la gloire ;
Le laurier vous permet de parer la Victoire,
Plus d'un hameau vous donne en prix à la pudeur.
L'autel même, où de Dieu repose la grandeur,
Se parfume au printems de vos douces offrandes,
Et la religion sourit à vos guirlandes.

D.

O fleurs ! en tous les temps égayez ma retraite,
Et plus heureux que moi, puisse un autre poëte,
Peindre sous des crayons, frais comme vos couleurs,

Vos traits, vos doux instincts, vos sexes et vos
  mœurs !
L'Amour, dont vos parfums enflamment le dé-
  lire,
Souvent, par vos bouquets, étendit son empire.
O *fleurs* ! qui tant de fois avez servi l'Amour,
Votre sein virginal le ressent à son tour.
Oui, vous n'ignorez pas les humaines délices ;
Vainement la pudeur, au fond de vos calices,
Cacha de vos plaisirs le charme clandestin ;
Les Zéphirs, précurseurs du soir et du matin,
Les Zéphirs les ont vus, et leur voix fortunée
Raconte aux verts bosquets votre aimable hymé-
  née.

Fou. — *Que vous êtes fou ! serez-vous toujours fou ?* Ces paroles dans la bouche d'une femme, sont des paroles de capitulation ; elles annoncent qu'on a fait brèche dans le corps de la place, et qu'on ne tardera pas à l'emporter.

Fougère. — C'est souvent le lit des amans, et souvent celui sur lequel ils goûtent les plaisirs les plus vifs ; aussi la *fougère* leur fut toujours chère :

Vous n'avez pas, humble *Fougère*,
L'éclat des fleurs qui parent le printemps ;
  Mais leurs beautés ne durent guère,
  Les vôtres plaisent en tout temps ;

Vous offrez des secours charmans
Aux plaisirs les plus doux qu'on goûte sur la terre,
Vous servez de lit aux amans,
Aux buveurs vous servez de verre.

FRÉMISSEMENT. — Symptôme d'amour.

FRIPON. — (*Voyez Badin.*) *Fripon* signifie aussi léger, inconstant, volage. Ce nom de *fripon* ou *friponne* fait honneur, parce qu'on ne le donne qu'à des jeunes personnes dont les charmes, la vivacité, l'enjouement autorisent toutes les jolies bisarreries qui leur passent par la tête.

FUTUR. — Les femmes sont toujours au *présent*, et ne pensent pas plus au *passé* qu'au *futur*.

G.

GAGE. — Jeune fille qui vise à l'hyménée, en vous disant : *Recevez ce gage de ma tendresse*, vous avertit qu'elle fait tout ce qu'elle peut pour que vous ne lui échappiez pas. Elle ressemble alors, à ces peuples, (1) qui craignant que leurs Dieux ne

---

(1) Les Tyriens.

les abandonnassent, les attachaient avec des chaînes d'or.

GALANT. — C'est celui qui, dressé au manège de Cythère, n'ignore rien dans les termes de l'art de séduire, et sait les employer à propos. Fécond en expressions *sentimentées*, il ne ressent rien ; c'est un Stoïcien en amour, qui n'étant ému, ni de ce qu'il dit, ni de ce qu'il fait, veut voir jusqu'à quel dégré d'émotion il réduira les cœurs qu'il attaque ; son trouble est réglé, son délire amoureux concerté ; vrai comédien, il est difficile de le connaître, qu'on n'y ait été trompé. Une femme ne risque donc rien à croire :

Que par ses mots flatteurs, un *galant* ne désire
Que de prendre son cœur, et puis après s'en rire.

GALANTE (*femme*). — C'est une femme dont le ton et les manières ressemblent si parfaitement à ceux d'une femme tendre et sensible, qu'il faut être véritablement connaisseur pour s'apercevoir que la passion d'une pareille femme n'est qu'un goût occasionné par son tempérament, ou par sa sensualité. En général, une femme *galante* possède des qualités admirables pour fixer un amant, rien n'est si agréable que son commerce, parce que sa conversation est toujours très-vive et très-animée. Rien n'est plus voluptueux que son particulier, parce qu'elle prodigue mille caresses, que son imagination ardente produit mille jeux folâtres qui excitent les désirs et portent le délire dans tous les sens. Elle tire la quintessence de l'Amour; elle plaît par d'agréables illusions, par d'aimables mensonges; elle cherche à vous persuader qu'elle vous aime par rapport à vous; que votre mérite allume ses passions; que les qualités du cœur et de l'esprit sont les seules causes de l'amour qu'elle a pour vous. Elle vous fait prendre pour de la tendresse ce qui n'est que du goût pour les plaisirs. C'est une enchanteresse qui séduit en donnant aux sentimens les moins délicats un certain air de volupté que l'on s'imagine être de l'Amour. Heureux, trois fois heureux, l'amant d'une pareille femme! mais malheur à celui que les nœuds de l'Hymen unissent à elle! c'est une rose dont chacun prend une feuille et de laquelle il ne reste plus que l'épine pour le mari......

Galanterie. — La *galanterie* prend souvent le masque de l'Amour, mais elle ne trompe que ceux qui ne connûrent jamais le Dieu charmant qu'elle veut contrefaire.

Gazette. — Il y en aurait une à faire qui pourrait être bien piquante. Une ou deux fois la semaine, on instruirait le public des tours que les époux se jouent entr'eux; de ceux que les fillettes jouent à leur mère, les orphelines à leurs tuteurs, les femmes à sentiment même au bon ami qui ne s'en doute pas.

Généalogie. — Celle de l'Amour est bientôt faite. Point de père; pour mère, la Beauté; pour sœurs, les Grâces; pour frère, l'Hymen; pour fils, le Plaisir; et pour amis, tous les Cœurs.

Genoux. — Ils ont une langue particulière qui n'est bien sue que par les amans. Le chroniqueur *Voltaire* nous apprend dans sa touchante histoire de la Pucelle d'Orléans, que le bon roi Charles VII étant à table avec la belle Agnès, et n'osant lui parler dans la crainte d'être entendu par les malins courtisans,

De son genou, le genou lui touchait,

pour l'avertir que le soir il se rendrait à petit bruit dans sa chambre à coucher....

Un naturaliste distingue chez les femmes le genou tourné en dehors de celui qui est incliné en dedans, et, sans hésiter, il préfère ce dernier. Il y admire je ne sais quelle expression de modestie et de mystère, de timidité fine et de volupté concentrée, qui appartient mieux au naturel de la femme. Le genou en dehors, dit-il, m'appelle et me provoque, l'autre m'attend et me retient. Pour classer à l'avenir ces deux espèces, il nomme la première le *genou militaire*, et la seconde le *genou pudique*.

GESTE. — En Amour, un *geste* en dit plus qu'un roman *in-folio*.

GLANER. — Jeunes amans, n'oubliez jamais que,

>Le champ du plaisir est fertile,
>Il faut savoir le moissonner;
>Et pour la saison difficile,
>Laisser quelque chose à *glaner*....

GOTHIQUE. — Epithète familière que l'on donne ordinairement à un amant sensible, honnête, réservé, timide, et peu fait au ton aisé, aux propos maniérés de la mode et du jour.

GRACES (les). — On raconte que les *Grâces* surprirent un jour l'Amour endormi à l'ombre d'un myrte fleuri ; soudain elles firent le projet d'enchaîner ce Dieu perfide et de briser ses flèches cruelles. Après l'avoir enchaîné, elles le regardaient tristement et s'efforçaient de retenir leurs larmes. Elles plaignaient le sort d'un enfant si beau, réduit à son âge à vivre dans les fers. Mais l'Amour se réveille, et d'un air riant :

> Ah ! leur dit-il, point de courroux,
> Brisez mes traits, séchez vos larmes ;
> Puisque l'Amour est avec vous,
> Il n'a plus besoin de ses armes.
>
> Partout, depuis cet heureux jour,
> Des trois sœurs le Dieu suit les traces :
> *Elles embellissent l'Amour,*
> *Et l'Amour embellit les Grâces.*

Les Grâces étaient du nombre des Divinités tutélaires de l'union conjugale. En conduisant les jeunes mariés au lit nuptial, on leur recommandait de ne rien faire dans l'absence des *Grâces*. Il fallait que l'épousée sacrifiât secrétement aux *Grâces* avant de permettre qu'on détachât sa ceinture, et peut-être a-t-on fixé à trois le nombre des *Grâces*, pour donner une leçon et un frein aux époux trop ardens qui ravagent le champ du plaisir qu'il ne faut que moissonner...

GRADATIONS. — Le bonheur en Amour consiste à les observer toutes. Amans ne brusquez rien, avancez pas à pas ; avant la dernière victoire, il en est qui peuvent encore flatter.

GRATIS. — Mot depuis long-temps hors d'usage dans le commerce amoureux :

Gratis est mort, plus d'Amour sans payer,
En beaux louis se comptent les fleurettes.

Soupirer gratis, c'est aimer sans être favorisé ; cela n'arrive plus qu'à ces infortunés chevaliers qui ne savent pas pousser un soupir à la financière.

GRIMACES. — Il y a des femmes assez mal-adroites pour les confondre avec les Grâces.

GRISETTES. — Menus-plaisirs de l'Amour ; femmes qui méritent l'attention de l'amateur : ces jeunes beautés, nées de parens pauvres, consacrent le produit du travail de la semaine aux frais d'une parure assez élégante pour plaire à l'ami du cœur avec qui elles ne manquent point de passer les jours de fêtes dans des assemblées champêtres. Ces filles aimables, simples et douces, sont encore tendres et fidelles ; elles se reprocheraient une partie de plaisir faite sans celui qu'elles aiment. Rien de plus touchant que les détails de leurs petits ménages : c'est un mélange piquant de pudeur et de volupté. Quelquefois on rencontre ces couples heureux dans les spectacles bourgeois de la capitale : l'ami et l'amie, pendant tout le temps de la représentation ont une main l'une dans l'autre, et s'appliquent, avec naïveté, les passages de sentiment qu'ils saisissent dans le drame qu'on joue... Ces unions volontaires sont assez durables, résistent plus d'une fois à la séduction de l'or, et se terminent souvent par un lien plus sérieux.

Il n'y a qu'à Paris où l'on trouve de ces aimables *grisettes*. En Province, qui dit *grisette*, dit fille. Dans le Midi, sur-tout, les *grisettes* sont renommées par leur libertinage. On assure que celles de la ville de Bordeaux sont très-dangereuses,

GRONDEUR. — Qualité ordinaire d'un mari ou d'un tuteur.

GUÉRISON. — L'Amour l'est de l'Amour.

GUERRE. — Le genre humain est divisé en deux factions : les hommes font la *guerre* offensive; les femmes ne doivent faire que la *guerre* défensive. l'Amour excite, agace les deux parties; on en vient aux mains, il se met dans la mêlée, en secouant son flambeau : mais bien différent des autres combats, celui-ci, loin de détruire les combattans, ne sert qu'à les multiplier.

GUERRIER. — Titre aimé des belles, et qui prévient en faveur de celui qui le porte. Quel triomphe pour une femme qui n'est pas brave, de désarmer la bravoure même, de badiner avec le fer menaçant d'un héros redoutable, de voir trembler à ses pieds celui qui vient d'intimider toute une phalange et de faire répandre les larmes du plaisir à celui qui fit couler des flots de sang !

H.

HA ! — Expression de surprise et d'effroi qu'inspire à sa jeune épouse la présence inattendue d'un vieux mari, que certainement on ne croyait pas si près.

HABIT. — Les femmes sont philosophes, en cela qu'elles ne jugent point l'homme d'après ce qui le couvre.

HABITUDE. — Elle a d'étranges effets. C'est elle qui quelquefois fait regarder un amant comme un époux; quelquefois même procure à l'époux quelques-uns des droits de l'amant.....

HAÏR. — Ne s'entend, au propre, qu'avec les laides, les vieilles et les barbons : pour l'ordinaire, il a un sens tout opposé.

Quoi! vous me haïssez? Une coquette vous dit par ces mots : faites-moi une déclaration amoureuse : jettez-vous à mes pieds et jurez moi mille fois le contraire...

HALEINE. — Tous les parfums de l'Arabie ne valent pas l'*haleine* pure de l'objet aimé.

HÉBÉ. — Déesse de la jeunesse. Son temple n'est pas ouvert long-temps pour nous; elle ne reçoit que de courtes prières; et c'est peut-être la seule Divinité à laquelle nous souhaiterions d'en adresser de longues.

HÉLÈNE. — Un jeune berger séduit une reine trop facile, et voilà tous les états de la Grèce sous les armes ; la mer est couverte de vaisseaux ; dix années de combats ont peine à expier un moment de faiblesse ! Nous sommes devenus plus philosophes que les Grecs.

HÉLOÏSE. — A ce nom, un soupir involontaire s'échappe du cœur le moins sensible. Qu'elle savait aimer, cette femme angélique ! qui peut résister à la profonde émotion que fait éprouver la lecture du morceau suivant, extrait d'une de ses lettres ?

 Viens donc, cher Abailard, seul flambeau de ma vie,
Que ta présence encor ne me soit point ravie,
C'est le dernier des biens dont je veuille jouir.
Viens, nous pourrons encor connaître le plaisir,
Le chercher dans nos yeux, le trouver dans nos ames ;
Je brûle... De l'Amour je sens toutes les flammes ;
Laisse-moi m'appuyer sur ton sein amoureux,
Me pâmer sur ta bouche, y respirer nos feux.
Quels momens, Abailard ! les sens-tu ? qu'elle joie !
O douce Volupté !... plaisirs où je me noie !

Serre-moi dans tes bras ! presse-moi sur ton cœur;
Nous nous trompons tous deux ; mais quelle douce
 erreur !
Je ne me souviens plus de ton destin funeste,
Couvre-moi de baisers.... Je rêverai le reste.

HIÉRAX. — Amant que le tendre *Quinault* a rendu célèbre par son amour pour Io. Quelle langueur délicieuse dans les accens qu'il laisse échapper de son cœur lorsqu'il croit avoir perdu son amie !!

Depuis qu'une nymphe inconstante
A trahi mon amour, et m'a manqué de foi,
Ces lieux, jadis si beaux, n'ont plus rien qui
 m'enchante ;
Ce que j'aime a changé, tout a changé pour moi.
L'inconstante n'a plus l'empressement extrême
De cet amour naissant qui répondait au mien.
Son changement paraît en dépit d'elle-même.
Je ne la connais que trop bien.
Sa bouche quelquefois dit encore qu'elle m'aime ;
Mais son cœur, ni ses yeux ne m'en disent plus rien.
Ce fut dans ces vallons, où, par mille détours
Inachus prend plaisir à prolonger son cours :
 Ce fut sur son charmant rivage,
  Qe sa fille volage,
 Me promit de m'aimer toujours.
Le Zéphir fut témoin, l'Onde fut attentive,
Quand la nymphe jura de ne changer jamais ;
Mais le Zéphir léger et l'Onde fugitive
Ont enfin emporté les sermens qu'elle a faits.

Et quand il est avec elle, comme il lui peint son amour avec feu dans les reproches qu'il lui adresse !!

Vous juriez autrefois que cette onde rebelle
Se ferait vers sa source une route nouvelle,
Plutôt qu'on ne verrait votre cœur dégagé.
Voyez couler ces flots dans cette vaste plaine,
C'est le même penchant qui toujours les entraîne,
Leur cours ne change point, et vous avez changé.

IO.

Non, je vous aime encor.

HIERAX.

Qu'elle froideur extrême !
Inconstante, est-ce ainsi qu'on doit dire qu'on aime ?

IO.

C'est à tort que vous m'accusez ;
Vous avez vu toujours vos rivaux méprisés.

HIERAX.

Le mal de mes rivaux n'égale point ma peine,
La douce illusion d'une espérance vaine
Ne les fait point tomber du faîte du bonheur ;
Aucun d'eux, comme moi, n'a perdu votre cœur.

HOMMAGE. — Trop heureux sexe ! les Dieux te portent envie ; ils ne doivent nos *hommages* qu'à notre esprit frappé ; le cœur seul dicte ceux que nous te rendons....

HONNÊTE FEMME — La *Rochefoucault* assûre que les *honnêtes femmes* sont des trésors cachés, qui ne sont en sûreté que parce qu'on ne les cherche pas. Cela pourrait bien se trouver un peu vrai.

HONNEUR (l'). — La société a imposé le plus lourd fardeau au sexe le plus faible. Les lois souvent sont inconséquentes, pour ne pas dire injustes ! on veut que les femmes aient de l'*honneur*, ou plutôt qu'elles ne s'abandonnent jamais aux lois de l'Amour ; on veut qu'elles ferment leur cœur au plus doux sentiment ; qu'elles étouffent les désirs de la volupté, et si elles y parviennent, leur vertu, qu'elles ont acquise par les plus pénibles sacrifices, est regardée dans le monde comme un être étranger contre lequel tous les hommes se font un devoir de conspirer. L'Amour séduit leur cœur, leurs sens se révoltent. Quelquefois l'indigence, ou d'autres malheurs plus cruels, l'emportent sur toute la fermeté d'une ame trop long-temps éprouvée. Le vice vient alors lui offrir des secours intéressés, ou d'autant plus dangereux, qu'il se montre sous le masque de la générosité.

Le malheur les accepte, la reconnaissance les fait valoir, et une vertu s'arme contre l'autre. Environnée de tant d'écueils, si une femme succombe, ne devrait-on pas regarder sa faiblesse, plutôt comme un malheur, que comme un crime : car, enfin, sa vertu est dans le cœur, mais la malignité humaine ne veut juger ici que sur l'extérieur, quoique, dans d'autres occasions, elle cherche à développer le principe secret des actions les plus brillantes, pour en diminuer le prix et en obscurcir l'éclat. Quels sont donc les avantages d'une vertu si difficile à soutenir ? Etrange condition que celle d'une femme vertueuse ! les hommes la fuyent, ou la recherchent peu ; les femmes la calomnient ; et elle est réduite, comme les anciens Stoïciens, à aimer la vertu pour la vertu seule.

HONORES (*ad*). — La plupart des maris pourraient être décemment appelés, *amans ad honores*.

HOURIS. — Mahomet, avec ses *houris*, s'est fait plus de prosélites qu'avec son épée.

HYMEN. — L'*hymen* n'effraye plus depuis que les amans entreprennent tout; que les femmes se prêtent à tout, et que les époux permettent tout.

HYPOCRITE (*femme*). — Il faut bien distinguer l'*hypocrite* de la fausse dévote, quoique son caractère en approche assez. L'*hypocrite* est ordinairement une femme à la fleur de son âge. Elle n'est point ennemie de l'Amour. Si elle déclame contre cette passion, elle s'en dédommage dans le particulier. Dès qu'elle est décidée dévote, elle peut faire impunément ce qu'il lui plaît. Son mari ne doit plus s'informer de sa conduite. Si elle sort de chez elle avec mystère, il est censé que ce n'est que pour aller faire des œuvres pies. Elle se charge ordinairement de l'éducation des jeunes gens qui ne paraissent pas dissipés ; elle ne craint point leur indiscrétion ; les propos qu'ils pourraient tenir passeraient pour calomnie, d'autant plus qu'il est presque établi qu'une dévote ne peut manquer de vertu. En se procurant donc toutes sortes de plaisirs, elle acquiert le droit de médire de toutes les autres femmes ; elle en apprend les histoires, et les raconte dévotement. Son penchant naturel la porte toujours vers la tendresse ; elle paraît offensée des vœux qu'on lui adresse, mais dans le fond du cœur elle en est charmée ; elle aime l'Amour quoiqu'elle paraisse quelquefois mépriser l'amant. Si jamais on devient sensuel, il faut s'attacher à une dévote de cette espèce ; elle sait assaisonner le plaisir; elle le rafine ; elle en tire la quintessence. Il n'y a qu'elle à qui on puisse donner véritablement le nom de voluptueuse. Sous un air de simplicité tout est recherché chez elle. Son cabinet qui passe pour son oratoire, est délicieusement meublé ; en un mot, on ne trouve que chez elle la vraie sensualité.

I.

IARBAS. — C'était un roi de Mauritanie, que la belle Didon refusa d'épouser à cause de son *humeur brutale*.

Nous rapportons ce trait pour les maris.

ILLUSION. — L'Amour est une *illusion*, disent ceux dont le cœur froid les rend insensibles au bonheur d'aimer : ils ont peut-être raison ; mais au moins l'Amour est une *illusion* si douce, si délicieuse, qu'elle est mille fois préférable à la réalité, souvent si triste, si désespérante !!

IMAGINATION. — Femme-de-chambre adroite, qui donne le dernier coup de peigne à la toilette des belles.

IMPUISSANCE. — Vilain mot..... qui ne devrait jamais se trouver dans le vocabulaire des amours.

INCONSTANCE. — (*V. l'art. qui suit*) :
> Pour écarter l'*inconstance*,
> Il est tant de secrets charmans !
> Faut-il que contre l'*inconstance*,
> L'Amour n'ait point de talismans !

Et oui ! il en est un, sexe adorable !.... Voulez-vous captiver vos amans ? Ne perdez jamais cette délicieuse pudeur, le sel des plaisirs, qui les double et en rend la jouissance toujours nouvelle....

INDIFFÉRENCE. — C'est une maladie du cœur, qu'une jolie femme peut guérir si elle veut s'en donner la peine.

INDIGENCE. — Les amans sont tous dans l'*indigence*; car, semblables aux pauvres, ils vont sans cesse mendiant des faveurs.....

INGÉNUITÉ. — Qu'une amante *ingénue* inspire d'intérêt ! qu'un aveu, sorti sans peine d'une bouche naïve, a de charmes ! combien il est préférable à tous les détours de la coquette, à toutes les réserves de la prude ! !....

INJURE. — On sait trop quelle est la plus grave *injure* que souvent, hélas ! on fait involontairement aux belles ! ! *Voyez* impuissance....

INNOCENCE (*robe d'*; *robe virginale*). — C'est de tous les vêtemens celui que les belles portent le moins de temps ; il est trop gênant ; il donne un air emprunté, gothique. D'ailleurs, sa couleur blanche demande tant de précautions pour être conservée sans tache ! le moindre faux pas..... Faut-il s'étonner d'après cela qu'on cherche à s'en dépouiller si promptement ?

D'une plante étrangère, auriez-vous connaissance ?
Née au lever du jour, flétrie à son coucher,
Comme la sensitive elle cède au toucher ;
Un souffle la détruit : on l'appelle *innocence*.

INQUIÉTUDE. — La jeune fille, *de ces dix-sept ans doucement tourmentée*, expliquera ce que c'est qu'une *inquiétude* secrète. En général, elle est l'avant-courière des plaisirs, et semble nous y préparer.

INSENSIBILITÉ. — La nature est morte aux yeux de l'homme *insensible*. Les trois belles saisons pour lui se renouvellent en vain ; l'hiver est toujours dans son cœur ; son oreille n'est point sensible ; son ame n'est point émue à la douce mélodie d'une musique expressive. L'Amour n'est pas pour lui un sentiment actif. Son ame, purement passive, aime sans désirs, jouit sans transports : une femme n'est pour lui qu'une femme ! !.....

INSIPIDE. — Demandez à une jeune femme qui a un vieux mari, ce que c'est qu'un homme *insipide* ?

INSOCIABLE. — C'est une qualité que les amans veulent bien donner aux maris.

INTENTION. — L'*intention* suffit en morale ; mais l'Amour est plus exigeant.

INTÉRÊT. — L'*intérêt*, en amour, annonce un cœur si peu fait pour connaître les ravissans plaisirs, que la coquette la plus *intéressée* couvre ce vice avec les fleurs les plus délicates de la coquetterie galante. Cependant, l'*intérêt* est la plus forte batterie que l'on puisse employer en amour. Jupiter, changé en pluie d'or, pour réussir auprès de Danaë, a donné matière à de fort solides réflexions, et à de très-jolies pensées : on peut s'arrêter aux vers suivans comme à un mur d'airain :

La clef des coffres forts et des cœurs, c'est la même ;
Que si ce n'est celle des cœurs,
C'est au moins celle des faveurs.

INTRIGUE. — Toutes les *intrigues* se ressemblent ; elles ont le même but, et elles finissent toutes comme celles qu'on peut avoir avec la femme la moins délicate. Présentez vos hommages à une dame vertueuse, elle vous fera essuyer pendant quelques mois beaucoup d'humeur, des caprices ; le tout, dira-t-elle, pour vous éprouver. Qu'en résultera-t-il ? elle vous accordera au bout d'un mois ce qu'une autre plus rusée vous aurait accordé au bout de huit jours.

IVRESSE. — Le vin et les femmes rendent les hommes ivres. L'*ivresse*, causée par le vin, se guérit par le sommeil ; il faut à l'autre une recette toute opposée.

J.

Jaloux. — Voulez-vous savoir ce que c'est qu'un *jaloux* ? écoutez *Lafontaine* :

Figurez-vous un fou, chez qui tous les soupçons
    Sont bien venus, quoiqu'on lui die.
Il n'a pas un moment de repos en sa vie.
Si l'oreille lui tinte, ô dieu ! tout est perdu.
Ses songes sont toujours qu'on le fera cocu ;
    Pourvu qu'il songe, c'est l'affaire :
Je ne voudrais pas un tel point garantir,
    Car pour songer il faut dormir,
    Et les *jaloux*, ne dorment guère.
Le moindre bruit éveille un mari soupçonneux ;
Qu'à l'entour de sa femme une mouche bourdonne;
    C'est cocuage qu'en personne
    Il a vu de ses propres yeux ;
Si bien vu, que l'erreur n'en peut être effacée.
Il veut à toute force être au nombre des sots.
Il se maintient cocu, du moins de la pensée,
    S'il ne l'est en chair et en os.

Jardins. — (*Voyez l'art. suivant*) :

    Dans les beaux *jardins* de Cythère,
    Ne cueillez pas tout en un jour ;
    Si vous voulez long-temps lui plaire,
    Ménagez le fruit de l'Amour.

Vénus présidait aux *jardins* ; elle y avait des autels : et en effet, quel temple est plus digne de cette Divinité qu'un joli bosquet ? où pouvait-on lui sacrifier plus dévotement, et célébrer ses doux mystères avec plus de ferveur, qu'au milieu d'un *jardin* agréable, où la nature elle-même invite au plaisir, et fait cause commune avec l'Amour ?.....

JE NE SAIS QUOI. — Les anciens n'ont jamais expliqué ce *je ne sais quoi*, que l'épouse de *Ménélas* et d'autres beautés fameuses avaient et faisaient sentir. Les modernes ne l'ont pas non plus expliqué, quoiqu'ils possèdent le long et ennuyeux chapitre de l'inighiste Bouh..., intitulé : le *je ne sais quoi*. Cependant, quelques philosophes qui ont étudié la nature en hommes sensibles assurent que le *je ne sais quoi* est l'Amour, ou une femme.....

JEU. — Au jeu d'Amour, comme aux autres,

>On commence par être dupe,
>On finit par être fripon.

JEUNESSE. — Temps des douces illusions : c'est la vie, à proprement parler.

JEUX INNOCENS. — On ne connaît point de *jeux innocens* à Cythère.

Joueur. — Mauvais amant, mauvais ami. La passion pour le jeu est un vice d'autant plus dangereux, que loin de diminuer il augmente avec l'âge.

Joug. — A l'entrée de la vie, l'Amour est là qui nous attend, et ne nous laisse passer qu'après avoir fait courber nos têtes sous son *joug*. Personne ne peut s'en défendre.

Jouissance. — A ce mot, la plume me tombe des mains, mes yeux se troublent, mon cœur s'agite ; un feu subit circule dans mes veines ; tout mon sang y fermente.... Ah ! Sophie ! pourquoi ne puis-je exprimer ce que tu me fais sentir avec tant d'énergie et de volupté ! !......

L.

Labyrinthe. — Le cœur d'une coquette est un *labyrinthe* formé par des ronces et des épines ; après l'avoir parcouru, on en sort tout plein de dangereuses piqûres.

Lacets. — La coquette se prend tôt ou tard dans les *lacets* qu'elle tend.

LAIDE. — Quand une femme sait aimer et plaire, elle n'est jamais *laide*.

LANGUE. — Il est une *langue* universelle, l'Amour en est l'inventeur, et c'est le cœur seul qui la parle. Qu'une Laponne et un Français se plaisent, ils s'entendront, et bientôt sauront se dire qu'ils s'aiment.

LANGUEUR. — Un des plus grand docteurs de la religion du dieu d'Amour a décidé que la *langueur* est le véritable air des amans ; il conseille même au gens de feu de donner, autant qu'ils le pourront, à leurs manières et à leur figure, quelque chose de tendre et de languissant.

Qu'on aime à rencontrer, sur le visage d'une amante, cet abattement touchant qui décèle la profonde sensibilité du cœur ! qu'une douce *langueur* empreinte dans ses traits fait naître de voluptueux désirs !

LANGUIR. — *Languir*, dans ce qu'on appelle une passion profonde, est l'effet délicat d'une flamme pure qui nous consume doucement ; c'est une maladie chère et tendre qui nous fait haïr l'espoir de notre guérison ; on l'entretient secrétement au fond de son cœur ; et si elle vient à se découvrir, les yeux, le silence, un soupir qui nous échappe, une larme qui coule malgré nous, l'exprime mieux que ne pourrait le faire toute l'éloquence du discours.

LAPIN. — Ce quadrupède qui est très-lascif, et qui en effet multiplie beaucoup, était consacré au Dieu de la volupté. Les anciens en faisaient manger à leurs femmes pour avoir de beaux enfans.

LARMES. — Hélas ! s'écriait un vieillard encore sensible, heureux temps de ma jeunesse, qu'êtes-vous devenu ? quoi ! le Plaisir, l'Amour, la Volupté ne me feront plus répandre de leurs douces *larmes* !!.....

Qui résisterait à une femme dont les beaux yeux sont innondés de *larmes* ?

LÉONTIUM. — Les modernes n'ont peut-être qu'un seul personnage à opposer aux courtisanes célèbres d'Athènes. Notre *Ninon* seule, peut nous donner une idée de cette *Léontium* qui fréquentait les jardins d'Epicure, et sut trouver grâce aux yeux du Sage austère. La maîtresse de Métradore, ami d'Epicure, ne doit pas être confondue sans doute avec ces beautés faciles qu'on prend sans choix, qu'on garde par ton, et qu'on délaisse avec indifférence. *Léontium* n'était point de ces femmes plus que galantes, qui affichent le cynisme et la frivolité ; et, en effet, elle assistait aux leçons du philosophe de la nature, moins pour s'y montrer, que pour se rendre digne des graves personnages qui la recherchaient : elle prit même la plume, avec succès, pour défendre ses maîtres, que son assiduité, au milieu d'eux, avaient rendus suspects.

LETTRES. — (*Voyez l'art. suivant*).

Écrivez la nuit et le jour,
Les *lettres* font vivre l'Amour ;

Disait *Bussi-Rabutin*. Aujourd'hui, la *lettre* la plus tendre, la plus passionnée ne remue pas aussi agréablement le cœur d'une femme du bon ton, qu'une *lettre de change*.

Lorsque d'une cruelle on veut toucher le cœur,
C'est un style éloquent qu'un billet au porteur,
Qui vaut mieux qu'un discours rempli de fariboles.
Quand une belle voit, comme par supplément,
Quatre doigts de papier, plié bien proprement,
Hors du corps de la *lettre*, et qu'avant sa lecture,
(Car c'est toujours par-là qu'on en fait l'ouverture)

On voit, du coin de l'œil, sur ce petit papier :
Monsieur, par la présente, il vous plaira payer
Deux mille écus comptant, aussitôt lettre vue ;
A Mademoiselle R**, d'elle valeur reçue ;
Et Dieu sait la valeur ! ! un discours aussi rond
Fait taire l'éloquence et l'art de *Cicéron*.

Un amant, indigne de ce nom, menaçait sa maîtresse de publier les *lettres* qu'elle lui avait écrites. « Vous le pouvez, Monsieur, lui répondit-elle, il n'y a que leur adresse qui me fasse rougir ».

Le terme *poulets*, dont nous nous servons pour désigner les *lettres* de galanterie, vient du mot latin *puletica*, ou *polyptycha*, tablettes à plusieurs feuillets, dont se servaient les Romains ; la personne à qui on écrivait une tendre épître, faisait réponse sur les mêmes tablettes qu'elle renvoyait.

LIBERTIN. — Le langage éprouve des révolutions. L'épithète d'*homme simple* est une injure ; celle de *libertin aimable* flatte beaucoup et attire mille agaceries de la part du beau sexe.

LICENCES. — Les petites, offensent les femmes ; les *grandes*, les amusent agréablement.

Lièvre. — *Pline*, le naturaliste, raconte que la chair du *lièvre* embellit les femmes quand elles en mangent pendant neuf jours. Les magiciennes faisaient avaler, autrefois, aux jeunes filles, neuf grains des crottes de ce quadrupède, pour que leur sein fut toujours dans le même état, sans se déformer.

Lit. — L'Amour ne dort guère dans celui des amans ; lorsqu'il est fatigué, il se réfugie dans celui des époux, et il tombe sur le champ dans un profond sommeil....

Locataire. — Le cœur de l'homme est une maison qui change de *locataire* quatre fois par année. L'Amour l'occupe au printemps, les Plaisirs en été, l'Amitié en automne, et le Repentir en hiver.

Loterie. — Il y en a une où tout le monde met, et où l'on gagne quand on perd, et où l'on perd quand on gagne.

Louange. — L'eau qui tombe goutte à goutte perce, avec le temps, le plus dur rocher. La *louange* fine et délicate a le même pouvoir sur le cœur d'une femme ; elle s'y glisse à petit bruit et le prépare à recevoir la visite du Dieu d'Amour. Mais pour que la *louange* produise tout son effet, n'oubliez jamais que :

L'or peut se partager et non pas la *louange* ;
Le plus grand orateur, quand ce serait un ange,
Ne contenterait pas en semblables desseins,
Deux belles, deux héros, deux auteurs, ni deux saints.

Loupe. — Sans cet instrument dans le cœur, plus d'Amour.

Lunette. — Il y a des amans en *lunettes*, et des amans heureux ; c'est un fait attesté par une expérience journalière.

Lys (le). — Le *lys* est le symbole de l'innocence des trois jolies sœurs de l'Amour, et sa blancheur peint la pureté de leur ame.

Jeunes filles ne portez jamais un regard curieux sur le pistil de cette belle fleur ; il ressemble......

M.

Machine. — N'y a-t-il pas eu des philosophes misanthropes qui ont osé appeler ainsi les femmes ? S'ils ont dit vrai, il faut avouer, du moins, que ce sont les plus jolies *machines* du monde.

MAGICIENNE. — Une belle femme, ou celle qu'on aime.

MAGOT. — Nom d'un gros vilain singe ; ou de l'objet qui ne plaît pas, fût-il un Adonis. Voyez *Mari et Vulcain*.

MAINTIEN. — La moitié de la beauté.

MAIS. — Mais, *si l'on venait à découvrir*... Mais, *si vous cessiez de m'aimer*... Tous ces *mais* annoncent que le cœur de la belle, qui parle ainsi, est disposé à payer d'un tendre retour le jeune homme qui l'aime.

MAITRESSE (*ma*). — Que ce mot est doux à l'oreille d'un amant! qu'il exprime bien l'aimable ascendant qu'une femme adorée acquiert sur le cœur d'un homme sensible!!

MAL D'AMOUR. — Heureux qui peut être atteint de cette maladie charmante! Un jeune docteur, en médecine, l'a décrite avec tant d'exactitude et de précision qu'il est impossible qu'on se trompe jamais sur les différens symptômes qui l'annoncent.

 N'avoir qu'une seule pensée,
N'éprouver qu'un seul sentiment,
Avoir toujours l'ame oppressée
Par un chagrin plein d'agrément ;
Voir et sentir toujours de même,
Matin et soir, et nuit et jour ;
Voilà comme on est quand on aime ;
Voilà le *mal* qu'on nomme Amour.

 Quitter sa mie avec tristesse,
Et vouloir être au lendemain ;
La revoir avec douce ivresse,
Trembler en lui prenant la main ;
Ne parler que pour dire j'aime,
Le répéter le long du jour ;
Le lendemain dire de même ;
Voilà le *mal* qu'on nomme Amour.

 Regarder comme un bien suprême
La plus légère des faveurs,
Ressentir un tourment extrême
A la moindre de ses rigueurs ;
Pleurer, rire, espérer et craindre,
Jouir et souffrir tour-à-tour,
Si c'est un mal, faut-il s'en plaindre ?
C'est le doux *mal* qu'on nomme Amour.

MALHEUR. — Le plus grand *malheur*, le plus douloureux à supporter, c'est celui d'aimer sans être aimé. Il en existe encore un dont les traits poignans font souffrir mille morts ; celui de voir la bien-aimée de son cœur sous la puissance d'un mari !!

MALICE, MALIGNITÉ, MANÈGE. — Sexe charmant ne vous en fâchez pas, mais ce sont trois vilains défauts que vous possédez au suprême dégré ; et par un charme inconcevable vous avez l'art de nous les faire trouver aimables en vous ! !....

MAL-MARIÉS. — Les juifs croient que ceux qui auront été *mal-mariés* seront absous devant Dieu, sans comparaître à son tribunal, parce qu'ils sont censés avoir fait ici-bas leur enfer.

MAMAN. — Expression de tendresse à l'usage des amans.

MANTEAU. — Que de jeunes imprudens ont troqué le vieux *manteau* de la sagesse pour la ceinture de Vénus ! vient une saison dont l'intempérie leur fait regretter ce vieux *manteau*, qui les aurait mis à l'abri de l'orage.

MAPPEMONDE. — Qu'on y jette les yeux, qu'on examine toutes les parties du globe habité ; il n'est pas un point sur la terre qui ne soit du domaine de l'Amour : partout on n'égorge point son semblable ; partout on ne tuine pas son voisin par un procès injuste ; partout on ne rencontre pas des hypocrites, des envieux, des ingrats, des avares, etc. ; mais partout il y a des amans ; on aime partout l'Amour et ses plaisirs.

MARBRE.—Une femme qui n'est que belle.

MARCHANDER. — Voyez *se marier*.

MARI. — Les galans de profession disent qu'un *mari* est un homme grondeur, insipide, jaloux, quinteux, colère, capricieux, ridicule, pédant, attrabilaire, désobligeant, ombrageux. D'autres plus modérés, disent simplement qu'un *mari* est un vent de bise qui vient par fois ravager et enlever les récoltes de l'Amour. Quelques-uns appellent un *mari*, un grondeur à titre d'office, qui fait très-mal son devoir, et empêche, autant qu'il le peut, les autres de le faire.

Voilà les définitions odieuses, que donnent ces messieurs, de l'être qui porte le nom de *mari* ; elles sont sans doute injustes, mais il faut pourtant avouer que certains *maris* sont par fois singuliers. Ils voudraient que leurs femmes appartinssent à eux seuls. Ne sauront-ils donc jamais que le public a ses droits qu'il ne peut abandonner ! voici une autorité qui le prouve :

La fille est un lingot que l'on garde avec soin ;
Des pièces ayant cours il renferme l'élite ;
Mais on n'en peut savoir le prix ni le mérite,
Que quand le monnoyeur l'a frappé de son coin.
Une femme au contraire est comme une guinée,
Que l'on marque en public du nom de son époux.
Elle passe, elle court ; donnée et redonnée,
Sous l'empreinte d'un seul, elle appartient à tous.

Pour dissiper les vaines frayeurs qui empoisonnent l'existence de plusieurs *maris*, nous allons mettre sous leurs yeux quelques vers du bon *Lafontaine*. Puisse la lecture de ce morceau charmant calmer l'agitation de leur esprit, et puissent-ils se persuader, ainsi que le *Scarmantado* de *Voltaire*, que l'état qu'ils redoutent est, sans contredit, *l'état le plus doux de la vie !!.....*

Pauvres gens, dites-moi, qu'est-ce que cocuage ?
Quel tort vous fait-il, quel dommage ?
Qu'est-ce enfin que ce mal, dont tant de gens de bien
Se moquent avec juste cause ?

Quand on l'ignore, ce n'est rien;
Quand on le sait c'est peu de chose.
....
....
Mais je vous veux, premièrement,
Prouver, par bon raisonnement,
Que ce mal dont la peur vous mine et vous consume
N'est mal qu'en votre idée, et non point dans l'effet.
En mettez-vous votre bonnet
Moins aisément que de coutume?
Cela s'en va-t-il pas tout net?
Voyez-vous qu'il en reste une seule apparence,
Une tache qui nuise à vos plaisirs secrets?
Ne retrouvez-vous pas toujours les mêmes traits?
Vous appercevez-vous d'aucune différence?
Je tire donc ma conséquence,
Et dis, malgré le peuple ignorant et brutal,
Cocuage n'est point un mal....
Oui, mais pourtant l'honneur est une étrange
affaire.
Qui vous soutient que non? ai-je dit le contraire?
Hé bien! l'honneur, l'honneur! je n'entends que
ce mot.
Apprenez qu'à Paris ce n'est pas comme à Rome;
Le cocu qui s'afflige y passe pour un sot,
Et le cocu qui rit pour un fort honnête homme.
Quand on prend comme il faut cet accident fatal,
Cocuage n'est point un mal.
Prouvons que c'est un bien; la chose est fort facile.
Tout vous rit, votre femme est souple comme
un gant;
Et vous pourriez avoir vingt mignonnes en ville,
Qu'on n'en sonnerait pas deux mots en tout un an.

Quand vous parlez, c'est dit notable.
On vous met le premier à table ;
C'est pour vous la place d'honneur,
Pour vous le morceau du Seigneur :
Heureux qui vous le sert ! la blondine Chiorme,
Afin de vous gagner n'épargne aucun moyen ;
Vous êtes le patron ; donc je conclus en forme,
  Cocuage est un bien.
Quand vous perdez au jeu, l'on vous donne revanche ;
Même votre homme écarte et ses as, et ses rois.
Avez-vous sur les bras quelque monsieur Dimanche,
Mille bourses vous sont ouvertes à la fois.
Ajoutez que l'on tient votre femme en haleine ;
Elle n'en vaut que mieux, n'en a que plus d'appas :
Ménélas rencontra des charmes dans Hélène,
Qu'avant qu'être à Paris la belle n'avait pas.
Ainsi de votre épouse ; on veut qu'elle vous plaise.
Qui dit prude, au contraire, il dit laide ou mauvaise,
Incapable en amour d'apprendre jamais rien.
Par toutes ces raisons je persiste en ma thèse :
  Cocuage est un bien....

MARIER (se). — Les femmes disent hautement que s'enchaîner, s'ensevelir, ou se *marier*, doit être la même chose aux yeux d'une jeune personne, par la raison que sur cent, pas une n'a le bonheur d'épouser son amant.

Les endettés des femmes, au contraire,

comparent un homme qui se marie à celui qui met la main dans un sac où il n'y a qu'une anguille sur une centaine de serpens; il y a cent à parier contre un, disent-ils, qu'au lieu de l'anguille, c'est un serpent qu'il prendra.

MATÉRIALISTE. — L'Amour l'est beaucoup.

MÉDIRE. — Un mauvais plaisant n'a pas craint de dédier aux femmes un traité de la médisance.

C'est un si doux plaisir pour une femme que le plaisir de *médire*, que la meilleure se le permet sans être méchante pour cela: la force de l'habitude l'entraîne. Un amant bien avisé ne doit pas manquer de célébrer sa maîtresse en médisant de toutes les femmes de la connaissance de celle-ci. C'est une louange indirecte à laquelle son cœur est très-sensible.

Un législateur Chinois interrogé pourquoi il permettait la médisance aux femmes; premièrement, répondit-il, parce qu'il est impossible de l'empêcher; secondement, parce qu'elles se puniront elles-mêmes, en se servant les unes contre les autres de la loi du talion.

D'AMOUR.

MÉDISANCE. — *Voyez l'art. précédent.*

MÉFIANCE. — On la dit mère de la sûreté; cela peut être vrai, mais certainement elle ne l'est pas aussi de l'Amour.

MÉLANCOLIE. — La *mélancolie*, fille du sentiment, fait éprouver à l'ame une douceur, une volupté que l'on préfère souvent aux plus vifs plaisirs, parce que ceux-ci fuyent avec tant de vîtesse qu'il est impossible de les savourer à son gré ; et qu'ils ne laissent après eux que de bien faibles souvenirs.

Voici un hymne à la *mélancolie*, plein de vérité et de charme. L'auteur ne peut être qu'un amant qui a été inspiré par son sujet :

   Tendre *mélancolie*,
Volupté du malheur,
Éloigné de Sophie,
Que j'aime ta langueur !
Malheureux qui des larmes
Ignore la douceur,
Et méconnaît les charmes
De la tendre douleur.

   Que ta langueur touchante
Ajoute à mon bonheur !

Que ta voix consolante
Convient à ma douleur !
De l'amant dans l'ivresse,
De l'amant malheureux,
Sois toujours la déesse ;
Qu'ils t'adorent tous deux !

Aussi-tôt que Sophie
Fut sensible à mon feu,
Sa douce rêverie
Fut son premier aveu.
J'ignorais sa tendresse,
Et je l'appris un jour
En voyant sa tristesse ;
Doux prélude d'Amour.

O sœur de la tendresse !
O fille de l'Amour !
De ta douce tristesse
Nourris-moi chaque jour !
Je te soumets ma vie,
Je te livre mon cœur ;
Tendre *mélancolie*,
Volupté du malheur !....

MÉLISSE. — C'est le nom d'une Nymphe qui fut métamorphosée en abeille.

Cette métamorphose ne serait-elle pas commune à toutes les belles ? Car ne portent-t-elles pas à la fois leur miel et leur aiguillon ?.....

MESQUINERIE. — Crime irrémissible aux

yeux des belles, et les femmes ont raison. C'est la marque d'un cœur étroit et peu sensible.

MÉTAMORPHOSE. — Il n'en est pas de plus grande que celle qu'on éprouve en passant de l'indifférence à l'Amour.

MÉTEMPSYCOSE — Il aimait sans doute, celui qui inventa cet heureux système ! qu'il rit à l'imagination ! comme le cœur s'empresse de l'adopter ! quoi Sophie ! la mort même ne me séparera pas, ne me privera pas de toi ! Après nous être aimés pendant long-temps, nos ames, passant successivement dans d'autres corps, pourront s'aimer de nouveau ! Nous nous aimerons toujours ! Nous suivrons toujours notre penchant; nous le rendrons immortel ! Oui, ma bien-aimée ! quand le trépas viendra séparer mon esprit du corps qu'il habite aujourd'hui, mon esprit errera sans cesse autour de toi ; tu me verras dans tous les objets ; tu me respireras avec le parfum de la violette ; ce sera ma voix que tu entendras dans le murmure touchant de la colombe. O ma douce amie ! nous nous aimons trop pour ne pas croire à la *métempsycose* !

MILIEU. — Dans ce mot est renfermée toute la philosophie du grand *Confucius* et de l'Amour ; on y trouve la morale universelle....

MINAUDERIES. — Femmes minaudières ! ne croyez pas avoir des grâces !

MINUTE. — L'Amour seul en sait le prix. On ne connaît pas de meilleur maître pour apprendre le bon emploi du temps.

MIROIR. — On dit que les femmes n'aiment pas la vérité ; quelle erreur grossière ! leur *miroir* la leur dit sans ménagement, et elles le consultent néanmoins dix fois par jour.

MODE. — Législatrice des belles : elles en suivent les lois avec un scrupule religieux. Cependant, les femmes qui ont la véritable coquetterie se gardent bien de suivre les *modes* de point en point. Elles savent qu'une *mode* ancienne les embellit quelquefois ; tandis qu'une *mode* nouvelle fort souvent les enlaidit.

MODE (*homme à la mode*). — Un homme ne doit jamais le bonheur (si toutefois c'est un bonheur) d'être un homme à la *mode* qu'à un heureux hasard. Madame *** est folle d'un tel ; cela se dit : elle passe pour connaisseuse ; toutes les coquettes veulent savoir si elle a raison ; toutes alors s'empressent à plaire à cet homme, l'une par un véritable entêtement, l'autre par jalousie de sa beauté ; celle-ci pour se venger d'un amant qui l'a quittée ; celle-là pour éveiller les ardeurs d'un amant languissant ; et toutes, enfin, pour suivre la *mode*. On se le dispute, on se l'enlève ; mais cette fureur n'a qu'un temps, et rarement *un homme à la mode* dure-t-il plus que les autres colifichets qui sont en vogue pendant l'année : c'est une fleur dont on se pare aujourd'hui, et qui, le lendemain, pâle et flétrie, est jetée avec dédain.

MODESTE. — Qu'une femme est belle, quand elle est modeste !!

MODESTIE. — (*Voyez l'art. suivant*).

Vous vous cachez, timide violette,
Mais c'est en vain, le doigt sait vous trouver ;
Il vous arrache à l'obscure retraite,
Qui recélait vos appas inconnus ;
Et destinée au boudoir de Cythère,
Vous renaissez sur un trône de verre,
Ou vous mourez sur le sein de Vénus.

L'humble violette qui se dérobe aux

regards curieux, mais que son doux parfum trahit, cette fleur qu'on foule aux pieds est l'emblême touchant des grâces ingénues dont elle pare le sein virginal. La *modestie* qui ressemble à la violette, est sur-tout la parure du beau sexe. Ce *je ne sais quoi*, plus facile à sentir qu'à peindre, et que l'on remarque chez la plupart des femmes n'est autre chose que l'aimable *modestie*. La ceinture de Vénus, ce chef-d'œuvre de l'imagination d'*Homère*; ce titre merveilleux où se trouvent cachées toutes les jouissances des sens et de l'ame, cette ceinture, sans laquelle l'éloge d'une femme n'est pas complet, n'est autre chose encore que l'aimable *modestie*...

MOINEAUX. — Les anciens avaient consacré cette sorte d'oiseaux à Vénus, déesse du plaisir. Toujours des allusions motivées chez les anciens.

MOITIÉ. — Un époux dit *sa moitié*. C'est un plagiat que l'Hymen fait à l'Amour, à qui seul il est permis de dire : *ma moitié* !

MOMENT. — Il n'en est souvent qu'un de bon ; il faut savoir le deviner et le saisir.

MONOTONIE. — C'est une ivraie pernicieuse

qui étouffe insensiblement la belle récolte qu'on se promet dans le champ du Plaisir. Amans, arrachez cette ivraie....

MONSTRE. — Femme laide et méchante.

MORGUE. — Qualité ordinaire d'un mari.

MORT. — Ne pas aimer est une mort anticipée : vivre loin de ce qu'on aime, la fait désirer.

MOURIR. — Dans le bon temps de nos ayeux on languissait, on mourait d'Amour : dans ce siècle de fer, on meurt rarement de cette maladie. Les poëtes assurent que cela vient de ce que,

> La mort avec l'Amour
> Se rencontrant un jour,
> Ils se firent caresse ;
> Et depuis ce moment,
> On n'a plus vu d'amant
> Mourir pour sa maitresse.

MUSULMANS. — Heureux *Musulmans* ! pourquoi ne suis-je pas né dans votre aimable religion ! ah ! personne n'eût adoré Mahomet avec plus d'ardeur que moi ! que les récompenses qu'il promet à ceux qui accomplissent fidellement sa loi, sont douces et séduisantes ! et que la béatitude céleste que nous devons goûter dans notre triste Paradis est peu comparable aux délicieux plaisirs que vous réserve votre grand prophète !!... L'*Alcoran* dit : que chaque soir, à la fin du souper le plus exquis, des anges, beaux comme l'Amour, vous présenteront, dans des plats de vermeil, des oranges et des citrons embaumés ; que vous les sucerez avec volupté; et que lorsque vous aurez épuisé leur jus divin, leurs pepins se métamorphoseront, par le plus charmant des miracles, en beautés ravissantes dont les grâces et les attraits surpasseront mille fois ceux des plus belles femmes de cet univers.

MYRTE. — *Formosæ veneri gratissima myrtus.* Le *myrte*, chez les anciens, était le symbole des plaisirs et de la joie. On lui croyait, entr'autres propriétés, celle de faire rire ceux même qui paraissaient le moins disposés à la gaité.

Dans les petites paroisses de nos provinces éloignées de la capitale, on conserve encore aujourd'hui toute l'année une branche de laurier, d'olivier ou de *myrte*, bénie le jour des *Rameaux*, comme un sûr préservatif contre les tentations du démon et de la chair.

MYSTÈRE. — Les plaisirs fuyent le grand jour. Ils aiment, pour se livrer à leurs joyeux transports, que le Dieu du *mystère* les enveloppe d'un nuage épais.

>L'Amour se plaît dans le *mystère* ;
>Il ne veut qu'être soupçonné ;
>Le grand jour blesse sa paupière ;
>Le cœur doit être deviné.

N.

NAISSANCE. — Qui peut disputer la noblesse à une femme qui en a les titres écrits dans deux beaux yeux ! Titres plus incontestables, sans doute, que ceux de l'étiquette, conservés avec soin et souvent sans succès sur des parchemins menteurs et périssables. L'Amour se rit des distinctions de la société. On voit tous les jours une simple villageoise, faire tomber son maître à ses pieds : et plus d'une fois, la couche parfumée d'une femme élégante s'est ouverte pour recevoir un rustre préféré à une foule de rivaux titrés.

NATURALISATION. — Une femme jolie

porte avec elle des lettres de *naturalisation* dans tous les pays qu'elle parcourt : Ainsi, ma bien-aimée, tu peux visiter toute l'Europe sans craindre d'être traitée, nulle part, comme étrangère.

NATURE. — Jeunes amans, si vous voulez persuader que ce mot soit un des plus beaux ornemens de votre éloquence amoureuse, commentez sans cesse ces vers :

Sans doute la *nature* est imparfaite en soi,
Qui nous donne un penchant que condamne la loi,
Ou la loi doit passer pour une loi trop dure ;
Qui condamne un penchant que donne la *nature*.

Le sens profond que renferme ces vers a sans doute engagé un autre poëte, à s'exercer sur le même sujet ; voici comment il a tourné la même pensée :

De la *nature* un doux penchant
   Nous porte à la tendresse ;
Et l'on dit que la loi défend
   D'avoir une maîtresse.
Mais la nature est faible en soi,
   Ou bien la loi trop dure :
Grands dieux ! réformez votre loi,
   Ou changez la nature !

NÉGLIGÉ. — Jeune beauté qui attend son amant en *négligé*, parle clairement : La branche d'olivier, ou le drapeau blanc, n'en disent pas plus, en guerre, que le *négligé* en amour ; nous l'apprenons d'un grand auteur :

.... La dame s'était mise
En habit à donner de l'Amour ;
La *négligence*, à mon gré si requise,
Pour cette fois fut sa dame d'atour :
Point de clinquant ; jupe simple et modeste,
Ajustement moins superbe que leste,
Un mouchoir noir de deux grands doigts trop court.

Les moins habiles entendent, par ces emblêmes, qu'on se prépare pour leur triomphe, que leur victoire est certaine. Une belle en cet état déclare qu'elle est prête à s'immoler sur l'autel de l'Amour : c'est une victime parée pour le sacrifice ; elle attend, elle appelle le couteau mortel qui doit la frapper.

Nez. — Un *nez* retroussé excite souvent des caprices, mais un profil grec peut faire naître une longue passion.

Niaiseries. — Des censeurs impuissans ou froids, appellent ainsi le commerce enchanteur de deux ames bien éprises.

Noce. — Ce mot afflige l'oreille de l'Amour.

Non. — Syllabe précieuse qui, dans la bouche d'une femme, prononcée d'un certain ton et d'un certain geste, est le synonyme de *oui*. On éprouve même un plaisir secret à entendre une belle dire toujours *non*, au moment même qu'elle accorde ses faveurs.

Un doux nenni, avec un doux sourire,
Est tant honnête, il vous le faut apprendre :
Quand est d'*oui*, si veniez à le dire....
D'avoir trop dit, je voudrais vous reprendre.
Non que je sois ennuyé d'entreprendre
D'avoir le fruit, dont le désir me point ;
Mais je voudrais, qu'en me le laissant prendre,
Vous me disiez, *non*, tu ne l'auras point.

Notaire. — La robe d'un *notaire* est, pour les amours, ce que sont pour les oiseaux ces épouvantails de haillons noirs ou rouges, placés de distance en distance au milieu des champs couverts de fruits mûrs, ou de grains prêts à être récoltés.

Nourriture. — Les sens nourrissent l'Hymen et le tuent bientôt ; les sens et le cœur nourrissent l'Amour ; et quand les sens n'ont plus rien à offrir à ce Dieu volage, le cœur l'entretient seul avec un soin particulier. Voilà pourquoi la vie de l'Amour est bien plus longue que celle de l'Hymen.

Nouveauté. — L'idole des femmes. Les hommes viennent aussi sacrifier sur son autel.

Nu. — Jamais une femme n'est plus redoutable, et ne se montre avec des armes plus dangereuses, que lorsque dépouillée par les mains de l'Amour, elle n'a pour défense que sa *nudité !*

Nuage. — Il s'en élève beaucoup à Cythère ; ils y sont même nécessaires : mais ils vont tous s'arrêter et fondre sur le temple de l'Hymen.

Nuit. — Il n'en faut qu'une seule, à une femme, pour se convaincre que souvent les meilleures réputations sont usurpées. Une dame de la cour, chez laquelle un des plus fameux ministres de Louis XV avait passé la *nuit*, disait le matin : « Hélas ! jamais » je n'ai mieux connu le néant des grandeurs » de ce monde ; je vois trop que, sur la terre, » tout est vanité et rien que vanité.... »

Nuptiale (*couche*). — La couche *nuptiale* n'est jamais bien chaude. On dit cependant que l'Amour la visite de temps en temps ; mais il n'y fait pas un long séjour : l'air en est mal sain pour lui.

O.

OBLIGEANT. — Ne voyez pas le mot *mari*, car *l'obligeance* n'est pas la vertu d'un époux.

OBLIGER. — Il n'y a pas de mérite à *obliger* une femme ; la nature en fait une nécessité, le cœur un devoir, et l'Amour le plus doux plaisir.

OISEAUX. — Il en existe une espèce bien curieuse ; ils ne sont jamais plus beaux que quand ils n'ont pas encore d'ailes ; ils se nourrissent de baisers, et font leur nid sur des lèvres de rose ; ils aiment beaucoup à être caressés, le plaisir seul peut les apprivoiser ; s'ils s'aperçoivent qu'on les néglige, ils tombent en langueur, il y a même à craindre pour leur vie ; à mesure que leur plumage croît, il faut avoir grand soin de le couper, ou bien les mettre en cage. L'ingratitude ou la légèreté est leur défaut ; leur ramage est plus séduisant que celui du rossignol, mais il en coûte cher à qui l'écoute trop long-temps. Ces *oiseaux* sont en grand nombre ; il y en a de plusieurs sortes : les uns ont la morsure du serpent ; les autres, le fiel de la vipère ; ceux-ci, la serre de l'épervier ; quelques-uns ont la candeur de la tourterelle : ce sont les plus fidelles et les plus rares. Cette dernière espèce ne se trouve guère plus dans nos climats, où la température est si variable qu'elle ne peut y vivre.

OMBRAGEUX. — Pour cette fois vous pouvez voir le mot *mari*. Si l'obligeance n'est pas la vertu d'un époux, être *ombrageux* est une de ses qualités favorites.

OPINION. — Auprès des belles, n'en ayez jamais une à vous.

OPIUM. — On dirait qu'on en a répandu sur la route du temple de l'Hyménée.

ORA. — Nymphe, moitié femme, moitié serpent. Que de maris, dans ce trait de la fable, reconnaîtront leurs tendres épouses!!

OREILLE. — Le cœur n'est jamais sourd; il entend bien mieux que *l'oreille*. Cependant, les plus tendres discours passent par l'*oreille* pour arriver au cœur......

ORBILLER. — Confident discret de nos peines secrètes. Dieux ! que de soupirs il étouffe ! que de larmes il voit répandre ! Douce et tendre victime, que des parens inhumains ont sacrifiée à un vil inconnu; ô mon amie ! combien de fois ton *oreiller* a été mouillé de tes pleurs !!......

ORNEMENS. — Lorsque Vénus se présenta devant le berger Pâris, elle était nue; belle de sa seule beauté, elle abandonna à ses rivales les ornemens empruntés.

Une femme qui a des grâces, n'a pas besoin d'ornemens qui ne font que les offusquer.

ORTHOGRAPHE. — Les femmes ne la savent jamais beaucoup, et elles n'écrivent pas moins des lettres délicieuses, remplies d'un charme secret, que nul homme n'a encore possédé au même dégré.

OUI. — Terme de consentement ; monosyllabe qu'on doit presque toujours sous-entendre. Voyez le mot *non*.

Outrage. — Lorsqu'une femme a été outragée, l'éclat, en pareil cas, est plus ordinaire aux fausses prudes qu'aux femmes vertueuses. Les prudes espèrent en recueillir une réputation dont elles sentent bien qu'elles ont besoin, peut-être même faire honneur à leurs charmes qui leur sont plus précieux que la vertu. Une femme raisonnable est effrayée de tout ce qui porte l'idée d'une faute. Elle craint qu'on ne soupçonne que l'espoir et la facilité n'aient enhardi l'insolence. Il y a au moins autant de vertu à ne pas éclater, et il y a certainement plus de pudeur.

Outrage se prend aussi dans un autre sens. Voyez *affront*, *injure*, et sur-tout, n'oubliez pas le mot *impuissance*....

P.

Paix. — L'Amour aime la paix; il est jaloux des lauriers, mais quand ils sont cueillis. Le tumulte d'un camp, le fracas des armes, le cri des combattans, l'effarouchent et blessent son oreille délicate, destinée à entendre les sons d'une douce harmonie.

PALPITER, PAMER. — Ces deux mots sont des symptômes d'amour ; mais dans un dégré bien différent ! le cœur est ému devant celle qu'il aime ; son émotion le fait *palpiter* de désir et d'amour. Mais, lorsque, parvenu au comble de la félicité, le cœur et les sens n'ont plus de vœux à former, on se *pâme* de plaisir et de volupté.

PARADIS. — Il existe une foule de *paradis* créés par l'imagination des hommes. Nous ne parlons pas du seul véritable, de celui qu'habiteront un jour les *pauvres d'esprit*, suivant le divin avertissement.

Nous ne parlons que de celui où les amans, qui font le leur dans ce monde, seraient tentés d'aller après leur mort ; car, lorsqu'on s'aime passionuément, l'idée du néant désespère ; on voudrait se survivre ; on voudrait que le feu dont on fut embrâsé, pendant sa vie, se rallumât dans un séjour de paix et de bonheur, d'où seraient bannis, à jamais, et la jalousie et les jaloux ; et les maris et les tuteurs ; et l'envie et les envieux ; et l'indifférence et les indifférens, etc. Mais c'est envain que les amans forment de si charmans désirs, il n'existe aucun *paradis* où ils pourront les réaliser. Un grand docteur, dans la science amoureuse, va les désabuser. Croyez-moi, écrivait-il à une femme :

.... L'autre monde est un monde inconnu
    Où s'égare notre pensée :
D'y voyager sans fruit, la mienne s'est lassée ;
    Pour toujours j'en suis revenu.
    J'ai vu dans ce pays de fables
Les divers *paradis* qu'imagina l'erreur.
    Il en est bien peu d'agréables ;
Aucun n'a satisfait mon esprit et mon cœur.
    Vous mourez, nous dit Pythagore ;
Mais sous un autre nom vous renaissez encore,
Et ce globe à jamais par vous est habité.
Crois-tu nous consoler, par ce triste mensonge,
Philosophe imprudent, et jadis trop vanté ?
Dans un nouvel ennui ta fable nous replonge.
Mens à notre avantage, ou dis la vérité.
    Celui-là mentit avec grâce
Qui créa l'Elysée et les eaux du Léthé ;
    Mais, dans cet asile enchanté,
Pourquoi l'Amour heureux n'a-t-il pas une place ?
Aux douces voluptés pourquoi l'a-t-on fermé ?
Du calme et du repos quelquefois on se lasse ;
On ne se lasse point d'aimer et d'être aimé.
    Le Dieu de la Scandinavie,
        Odin, pour plaire à ses guerriers,
    Leur promettait dans l'autre vie,
Des armes, des combats, et de nouveaux lauriers.

Attaché dès l'enfance aux drapeaux de Bellone,
J'honore la valeur, aux braves j'applaudis ;
    Mais je pense qu'en *paradis*
    Il ne faut plus tuer personne.
Un autre espoir séduit le nègre infortuné,
Qu'un marchand arracha des déserts de l'Afrique;
    Courbé sous un joug despotique,
Dans un long esclavage il languit enchaîné ;
Mais quand la mort propice a fini ses misères
Il revole joyeux au pays de ses pères ;
Et cet heureux retour est suivi d'un repas.
Pour moi, vivant ou mort, je reste sur vos pas ;
Esclave fortuné, même après mon trépas,
    Je ne veux plus quitter mon maître :
    Mon *paradis* ne saurait être
    Aux lieux où vous ne serez pas.
    Jadis au milieu des nuages
L'habitant de l'Écosse avait placé le sien :
Il donnait à son gré le calme ou les orages ;
Des mortels vertueux il cherchait l'entretien ;
    Entouré de vapeurs brillantes,
    Couvert d'une robe d'azur,
Il aimait à glisser sous le ciel le plus pur,
Et se montrait souvent sous des formes riantes.
    Ce passe-temps est assez doux ;
    Mais de ces Sylphes, entre nous,
    Je ne veux point grossir le nombre.
J'ai quelque répugnance à n'être plus qu'une ombre;
Une ombre est peu de chose ; et les corps valent
    mieux ;
Gardons-les. Mahomet eut grand soin de nous dire
Que dans son *paradis* on en était avec eux.

Des Houris, c'est l'heureux empire.
Là, les attraits sont immortels ;
Hébé n'y vieillit point, la belle Cythérée,
D'un hommage plus doux constamment honorée,
Y prodigue aux élus des plaisirs éternels.
Mais je voudrais y voir un maître que j'adore,
L'Amour qui donne seul un charme à nos désirs,
L'Amour qui donne seul de la grâce aux plaisirs.
Pour le rendre parfait j'y conduirais encore
La tranquille et pure Amitié,
Et d'un cœur trop sensible elle aurait la moitié.
Asile d'une paix profonde,
Ce lieu serait alors le plus beau des séjours ;
Et ce *paradis* des amours,
Si vous étiez fidelle, on l'aurait en ce monde.

PARESSE. — Pour en guérir, adressez-vous au fils de Vénus.

.... L'Amour est un réveil-matin,
Qui, de ce doux péché, que l'on nomme paresse,
En moins de deux leçons corrige la jeunesse.

PARFAIT. — Mot dont on n'a aucune idée avant d'aimer.

PAS. — Ne comptez pas vos *pas* avec le beau sexe. Une femme est un joli petit oiseau qui veut être long-temps poursuivi avant de se laisser prendre : l'idée d'avoir retardé sa défaite lui sert de consolation.

Passion. — Les *passions* sont au moral, ce que le sang est au physique. Les *passions* sont aussi nécessaires à l'homme pour le faire exister moralement, que le sang pour le faire exister physiquement.

Amour ! ô *passion* ! qui les renferme toutes,
Qui du bien et du mal ouvre à la fois les routes ;
C'est toi qui, du jeune homme, animé de ton feu,
Fait souvent un esclave, et quelquefois un Dieu.

Pathétique (*éloquence*). — Il n'existe point d'éloquence plus *pathétique* que les larmes d'une femme jeune et belle ; elles pénètrent et remuent tous les cœurs. Il se rencontre pourtant des maris qui les voient couler avec indifférence, avec une insensibilité révoltante ! Quels élémens inconnus composent donc certains maris ?...

Patience. — Si vous ne connaissez point cette précieuse vertu, aimez une coquette ; ou si vous êtes poëte, cherchez à faire jouer une pièce au théâtre Français, vous verrez combien la *patience* est une chose utile et nécessaire ! !

Pensée. — Quelle *pensée* heureuse que celle-ci : « Il y a des regards qui sont des

» paroles, et des voix qui sont de la musi-
» que ». Madame A...... en prouve la jus-
tesse. Ceux qui la connaissent, ont remarqué qu'elle a dans la voix le ton mineur,
si propre à l'expression de la musique. Un
compositeur, doué par la nature d'une ame
sensible, serait sûr, après l'avoir entendue
parler, de donner à son chant une mélodie douce, touchante ; une mélodie vrai-
ment céleste.

Périphrase. — Utile auprès des prudes,
et indispensable auprès des dévotes qui
veulent toujours entrer dans les détails les
plus voluptueux, mais dont les oreilles
chastes ne souffrent pas un mot significatif.

Persuasion. — Elle coule des lèvres
de celle qu'on aime, comme le miel des
abeilles ; comme les plaisirs de l'Amour.

Petite-Maîtresse. — Une *petite-maîtresse* n'a qu'un jargon ; elle n'a nulle so-
lidité ; elle n'aime qu'elle ; elle ne cherche
que le plaisir ; elle s'imagine qu'il doit naître sous ses pas ; elle se croit tout permis,
parce que son miroir lui a dit qu'elle était

belle. En conséquence, elle emprunte tout ce que l'art a de plus recherché; elle s'en pare pour augmenter encore sa beauté. Ne croyez pas que cela soit par rapport à vous, c'est pour sa propre satisfaction. Sa toilette est un autel que son amour-propre érige à sa vanité. Si par hasard vous êtes bien aujourd'hui avec elle, ce n'est qu'au caprice que vous devez les faveurs qu'elle vous accorde. Par un autre caprice, elle vous quittera le lendemain avec la même facilité. Il y en a cependant de cette espèce qui sont voluptueuses, et qui ont pour principe qu'il n'y a pas tant de gloire à prendre sur la nature, qu'il y a de plaisir à lui céder. Il ne faut jamais chercher à se faire aimer d'une *petite-maîtresse*; vous ne devez jamais chercher qu'à lui plaire, et vous y réussissez toujours par l'adulation, la légèreté et l'aimable folie.

PHALLUS. — C'est un mot latin que nous n'osons rendre littéralement en français. Nos mœurs ne sont peut-être pas plus pures que celles de nos aïeux; mais nous avons plus de pudeur ou moins de franchise qu'eux. Nous nous permettons un grand usage de là chose, mais nous taisons le mot; et tout en violant la sagesse, nous lui conservons son manteau.

Les deux choses, dans la nature, qui firent le plus d'impression sur l'esprit des hommes, durent être le Soleil, et ce qu'on entend par *Phallus*. Un sentiment d'admiration fit brûler de l'encens en l'honneur du père de la lumière et de la chaleur; un sentiment d'amour et de reconnaissance fit tresser des fleurs pour couronner le père du plaisir et l'auteur de la vie.

La lecture de cet article fera crier au scandale les prudes et les dévotes. Mais l'on sait que ces dames ne haïssent pas *la chose* autant que le *mot*. Pourvu que les accessoires soient décens, le fond leur plaît toujours. Boufflers le savait bien lorsqu'il composait la pièce suivante :

Le cœur est tout, disent les femmes.
Sans le cœur point d'amour, sans lui point de bonheur;
Le cœur seul est vaincu, le cœur seul est vainqueur.
Mais qu'est-ce qu'entendent ces dames,
En nous parlant toujours du cœur ?
En y pensant beaucoup, je me suis mis en tête,
Que du sens littéral elles font peu de cas,
Et qu'on est contenu de prendre un mot honnête
Au lieu d'un mot qui ne l'est pas.

Sur le lien des cœurs envain Platon raisonné,
Platon se perd tout seul et n'égare personne ;
Raisonner sur l'Amour, c'est perdre la raison ;
Et dans cet art charmant, la meilleure leçon,
    C'est la nature qui la donne.
    A bon droit nous la bénissons,
Pour nous avoir formé des cœurs de deux façons.
    Car, que deviendraient les familles,
    Si les cœurs des jeunes garçons
    Etaient faits comme ceux des filles ?
Avec variété, nature les moula,
Afin que tout le monde en trouvât à sa guise ;
Prince, manant, abbé, nonne, reine, marquise,
Celui qui dit *sanctus*, celui qui crie *allah* ;
Le bonze, le rabbin, le carme, la sœur grise,
Tous reçurent un cœur, aucun ne s'en tint là.
    C'est peu d'avoir chacun le nôtre,
    Nous en cherchons partout un autre.
Nature en fait de cœurs se prête à tous les goûts;
    J'en ai vu de toutes les formes,
Grands, petits, minces, gros, médiocres, énormes;
Mesdames et messieurs, comment les voulez-vous?
On fait partout d'un cœur tout ce qu'on en veut faire
On le prend, on le donne, on l'achète, on le vend;
Il s'élève, il s'abaisse, il s'ouvre, il se resserre,
    C'est un merveilleux instrument ;
    J'en jouais bien dans ma jeunesse ;
    Moins bien pourtant que ma maîtresse.
    O vous ! qui cherchez le bonheur !
    Sachez tirer parti d'un cœur.
Un cœur est bon à tout, partout on s'en amuse ;
    Mais, à ce joli petit jeu,
    Au bout de quelque temps il s'use,

Et chacune et chacun finissent en tout lieu,
Par en avoir trop ou trop peu.
Ainsi, comme un franc hérétique,
Je médisais du Dieu de la terre et du ciel ;
En amour, j'étais tout physique.
C'est bien un point essentiel,
Mais ce n'est pas le point unique.
Il est mille façons d'aimer ;
Et ce qui prouve mon système,
C'est que la bergère que j'aime
En a mille de me charmer :
Si de ces mille, ma bergère,
Par un mouvement généreux,
M'en cédait une pour lui plaire,
Nous y gagnerions tous les deux.

PHYSIQUE (*plaisir*). — Les anciens, en déifiant la nature, sanctifiaient, pour ainsi dire, l'acte de la génération, bien loin d'en rougir. Familière avec ces objets qui n'ont rien que de naturel, leur imagination, quoique vive, ne se souillait point des idées obscènes qu'on attache aujourd'hui à tout ce qui regarde la reproduction. Les *plaisirs physiques* de l'Amour ne leur paraissaient pas moins honnêtes que ceux de la table et les jouissances des autres sens. Ils aimaient à en multiplier les symboles : les matrones les plus graves, les prêtresses les plus austères en portaient les images sur leur sein :

les murailles sacrées des temples étaient couvertes de figures emblématiques des mystères de Vénus et de son fils. Les anciens proportionnaient leur reconnaissance au bienfait, et ils pensaient que la religion seule pouvait les acquitter envers la nature.

Piège. — L'air même qu'on respire au printemps, est un piège de l'Amour.

Plaire. — Qui en a trouvé le secret ? *omne tulit punctum*.

Plaisir. — Ce mot n'a pas besoin de commentaire. *Plaisir !* quel est celui qui ne sent tout son corps frémir de désir et de volupté à l'idée de celui que fait éprouver l'Amour ! ! Mais, hélas ! le *plaisir* disparaît avec nos beaux jours ; il ne nous laisse après lui que son délicieux souvenir, dont le trait perçant déchire nos cœurs de regrets : ah !

> Faut-il être tant volage ?
> Ai-je dit au doux *plaisir*;
> Tu nous fuis ! Las ! quel dommage !
> Dès qu'on a pu te saisir !
>
> Ce *plaisir*, tant regrettable,
> Me répond : rends grâce aux Dieux
> S'ils m'avaient fait plus durable,
> Ils m'auraient gardé pour eux.

PLATON. — *Platon* est l'inventeur d'un singulier système sur l'Amour, qui a encore quelques chauds partisans parmi les femmes et les hommes cacochymes.

POÈME. — Les amans ne doivent aimer que les *poëmes* anacréontiques, où ils trouvent de quoi entretenir le feu sacré qui brûle dans leur cœur. En voici un qui est un modèle d'ingénuité piquante, et de simplicité voluptueuse. Comme il est très-peu connu, nous allons, malgré sa longueur, le transcrire en entier.

―――――

La manière de prendre les oiseaux, ou les leçons de l'Amour, poëme.

――

PROLOGUE.

Si jamais j'ai le choix d'aimer
Je veux une beauté champêtre,
Aimable sans penser à l'être,
Et qui, sans art, sache charmer.
Le vrai plaisir suit la nature.
J'ai vu l'Amour plus d'une fois
Jouer sur un lit de verdure ;
Il s'endort sur celui des rois.

Tout parle au cœur dans les retraites ;
Vous, rameaux, qui vous embrassez ;
Vous, oiseaux, qui vous caressez ;
Qui n'entend vos leçons secrètes ?
Aminte n'avait que vingt ans,
Quand aux champs il vit *Amarille*,
Bergère en son premier printemps,
Innocente autant que gentille :
Il l'aima : qui n'aurait aimé ?
Adieu les arts, adieu la ville,
Des maîtres qui l'avaient formé,
Adieu la cohorte inutile.
L'Amour qui le mène au hameau,
Lui fait don d'une panetière
D'où pend un léger chalumeau.
Des bergers il prend la manière,
Il se façonne à leurs travaux ;
Et bientôt sous ses doigts habiles,
Le jonc et l'osier, plus dociles,
Forment des ouvrages nouveaux.
Il les présente à sa bergère ;
Mais, n'osant lui parler d'amour,
Il peint les objets d'alentour
Qu'anime sa flamme légère,
Et lui rend ainsi, chaque jour,
Cette langue moins étrangère.
Vénus a mis leurs entretiens
Aux archives de son empire ;
C'est d'elle-même que je tiens,
Celui que je vais vous redire.

D'AMOUR.

AMINTE ET AMARILLE.

AMINTE.

Si les rencontres du matin
Sont pour nous de quelque présage,
Quiconque voit un beau visage,
D'un beau jour doit être certain ;
Et j'ai ce bonheur, *Amarille*,
Puisque le sort t'offre à mes yeux.
Que te voilà fraîche et gentille !
Mais que faisais-tu dans ces lieux ?
Est-ce le soin de ta parure
Qui t'amène à cette onde pure ?
Le voisinage des ruisseaux
Est délicieux pour les belles,
Pour les fleurs et les arbrisseaux.

AMARILLE.

Il plaît de même aux tourterelles,
Et j'y viens seulement pour elles.
Des filets tissus avec art,
J'ai garni l'une et l'autre rive,
Et je vais attendre à l'écart
Le moment que ma proie arrive.

AMINTE.

Eh quoi ! c'est avec des réseaux
Que tu fais la guerre aux oiseaux ?
Innocente ! il est, pour les prendre,
Un secret que je veux t'apprendre.

AMARILLE.

Tu rendras mes désirs contens ;
Les filets coûtent bien du temps,
Quand il faut les tendre et détendre.

AMINTE.

Écoute ; et les mains suffiront
Pour réussir dans cette chasse.
Observe l'instant et la place ,
Où deux oiseaux se baiseront ;
Et , quand d'une amoureuse étreinte,
Leurs petits becs se mêleront ,
Cours aussitôt..........

AMARILLE.

Tu ris, *Aminte* ;
Et les oiseaux s'envoleront.

AMINTE.

Amarille , que cette crainte
Montre bien que , jusqu'à ce jour,
Ton cœur a peu connu l'Amour,
Et le charme de ses caresses !
Si tu savais ce qu'un baiser ,
Aux êtres qu'il daigne embrâser ,
Cause de douceurs et d'ivresses !
Comme dans ce ravissement,
La vie est toute suspendue
Entre la maîtresse et l'amant ;
Tantôt prise , tantôt rendue ;
Mais faible , mais sans mouvement ;

Ou du moins semblable à ces songes
Qui sollicitent nos ressorts,
Par de doux et rians mensonges,
Sans pourtant agiter le corps !

AMARILLE.

Ce que tu dis-là, je l'ignore ;
Mais les oiseaux, comme je croi,
Ne sont pas plus savans que moi,
Et le ressentent moins encore.

AMINTE.

Les oiseaux aiment comme nous ;
Et le Dieu qui lance ses coups
Sur les bergers et les bergères,
Perce aussi leurs plumes légères.
Ces chants si variés, si doux,
Que l'écho se plaît à redire,
C'est l'Amour qui les leur inspire.
Qu'ils sont heureux dans leurs désirs,
Eux, dont le chant est le langage,
Et qui n'ont de voix en partage,
Que la voix même des plaisirs !
Mais n'as-tu point, dans ces campagnes,
Remarqué les tendres apprêts
D'oiseaux caressant leurs compagnes ?

AMARILLE.

J'en ai vu plusieurs d'assez près ;
Et je n'étais point, ce me semble,
Un objet par eux redouté ;
Comme si le bien d'être ensemble,
Leur tenait lieu de sûreté.

AMINTE.

Amarille, as-tu bien pris garde
De quel œil ce couple amoureux
Tourne, s'approche, se regarde,
Et comme il excite ses feux,
Par les coups de bec qu'il se darde ?
Qui ne dirait, à leurs efforts,
Au trémoussement de leurs ailes,
Qu'ils poussent leur vie au dehors,
Et qu'elle doit changer de corps
Dans ces secousses mutuelles !
L'Amour en est le maître alors ;
Comme il aime à la reproduire,
Sans doute il la fait s'exhaler ;
Ils n'ont plus d'yeux pour se conduire ;
Ils n'ont plus d'ailes pour voler.

AMARILLE.

Tu crois que ces êtres agiles
Sont sans force, sont immobiles ?

AMINTE.

Dans l'excès de la volupté,
Leur force se perd ou s'égare ;
C'est l'ivresse qui les sépare,
Plutôt que la satiété ;
Mais aux baisers qui l'ont fait naître,
Leur trouble survit quelque temps ;
Ils goûtent, pendant des instans,
La renaissance de leur être.

On les voit frémir, essayer
Si leurs organes sont flexibles,
Et mollement les déployer
Par des mouvemens insensibles ;
Comme un papillon ranimé
Par le printemps qui le convoque,
S'essaye au sortir de la coque
Où l'hiver l'avait renfermé.

AMARILLE.

Aminte, ton récit m'enchante ;
Mais ces objets m'ont échappé.
Que de leur image touchante,
Mon cœur est vivement frappé !
Ah ! puisse bientôt leur rencontre....

AMINTE.

Pour voir tout ce qu'elle a de beau
Il faut que l'Amour te le montre
A la lueur de son flambeau ;
Nous ne pouvons rien sans sa flamme,
Et le bandeau qu'il porte exprès,
Nous dit que c'est des yeux de l'ame
Qu'on doit contempler ses secrets.

AMARILLE.

Mais où s'apprend cette science ?

AMINTE.

Partout, où de son joug charmant,
On fait l'heureuse expérience.
Nous nous instruisons en aimant.

L'esprit s'ouvre et se développe
Dans des transports délicieux ;
Il eût rampé comme l'hysope,
Comme un cèdre il s'élève aux cieux.

AMARILLE.

Hélas ! que veux-tu que je fasse ?
Si le goût et l'occasion
Font en moi quelqu'impression,
La contrainte aussitôt l'efface ;
Une mère observe mes pas ;
J'ignore ce qu'elle peut craindre ;
Mais toujours je l'entends me peindre
Des dangers que je ne vois pas.
Mon cœur, à sa voix menaçante,
Est comme une rose naissante,
Qu'un souffle cruel fait mourir
Au moment qu'elle allait s'ouvrir.
Loin de cette injuste contrainte,
Vous vous caressez donc sans crainte,
Oiseaux que mes mains auraient pris ?
Si, plus au fait de vos délices,
Je savais les instans propices,
Et qu'Amour me les eût appris.....

AMINTE.

Le choix de l'instant est facile ;
Prête ta bouche seulement,
Et par l'usage d'un moment
Tu sauras profiter de mille.

AMARILLE.

Que veux tu ?

AMINTE.

Te faire goûter
Tous les plaisirs qu'ils peuvent prendre,
Et t'enseigner à les surprendre,
En te faisant les imiter.

AMARILLE.

Mais un baiser ternit la bouche ;
On dit qu'en naissant la pudeur
Met sur nos lèvres une fleur
Qui meurt aussitôt qu'on la touche :
D'un berger le souffle amoureux,
Pour elle, est plus à craindre encore,
Que l'hiver, le plus rigoureux,
N'est redoutable aux dons de Flore.

AMINTE.

Ainsi, l'on te trompe à dessein.
Dis-moi, lorsque la fleur nouvelle
A reçu l'abeille en son sein,
As-tu vu qu'elle en fut moins belle ?
Après avoir, tout le matin,
Sucé ses feuilles entr'ouvertes,
L'abeille est riche de butin ;
La fleur n'a fait aucune pertes.

AMARILLE.

Il est vrai, mais de ton secret
L'essai me paraît redoutable,
Puisque l'effort de son attrait
Rend le péril inévitable.

Si, dans l'ardeur de leurs baisers,
Les oiseaux, d'ailleurs si légers,
Perdent le pouvoir de la fuite ;
Sans doute qu'en les imitant,
Ma force au même état réduite,
Il m'en arriverait autant.
Aminte, le plaisir qui coûte
Le repos et la sûreté,
N'est point fait pour que je le goûte.
Les oiseaux ont leur liberté,
La nature en règle l'usage ;
Et peut-être que, sous ses lois,
Les sens ont toujours l'avantage,
Et que la prudence est sans voix.
Du moins les hôtes de ces bois,
D'une mère triste et sévère,
N'ont point à craindre la colère.
Ah ! si des frayeurs que je sens,
Ils pouvaient partager l'atteinte ;
Ces êtres que tu peins, *Aminte*,
Si tendres et si caressans,
Verraient mourir, dans leurs allarmes,
Ces feux pour eux si pleins de charmes.
Déjà le soleil, dans son tour,
Va marquer la moitié du jour.
Adieu, prévenons sa surprise :
J'aime mieux garder mes filets,
Que de tenter quelques secrets,
Où je sois la première prise.

PORTRAIT. — L'Amour est le peintre aimé des femmes, il flatte tous les *portraits*.

PROMENADES-PUBLIQUES. — Arêne où combattent les femmes. Les spectateurs y sont plus blessés que les combattans.

PROPRETÉ. — Il est des femmes qui portent le raffinement de la coquetterie jusqu'à n'en avoir d'autre que la propreté. Nous sommes heureux que ces sortes de femmes soient si rares.

PROVERBE. — Il en est de charmans et remplis du plus grand sens. Celui-ci, par exemple :

Il n'y a pas de belles prisons, ni de laides amours.

PRUDE. — La *prude*, telle qu'une barre de fer rouge, ne plie point si elle n'est toute ardente. Si l'on lui fait entrevoir qu'on l'aime, elle se gendarme; elle prend le ton de l'aigreur; elle y mêle même l'emportement : elle ne se croit raisonnable qu'à proportion du ressentiment qu'elle fait éclater; elle n'a que le mot de vertu dans la bouche; il ne faut pas s'en étonner; elle n'en parle que comme les poltrons du courage, le tout sans conséquence ; elle serait fort fâchée qu'on la crût sur sa parole. En persistant, on la voit bientôt changer de ton : elle saura gré de ce qui, huit jours auparavant, faisait un crime énorme. On connaîtra que le moment du triomphe est arrivé lorsqu'elle commencera à se retrancher sur le sentiment ; c'est alors qu'il faut agir : elle aimera beaucoup mieux qu'on lui manque de respect que d'en trop avoir : les rigueurs qu'elle affecte ne sont qu'un avertissement de redoubler de soins pour désarmer sa fierté. Cette sorte de femme est froide et dédaigneuse en apparence, mais emportée, voluptueuse dans le particulier ; elle veut du sentiment, mais c'est de celui que le plaisir fait naître.

PUCELAGE. — Marchandise dont tout le monde parle et que très-peu de personnes rencontrent ; elle est d'une rareté extrême. Avant la révolution, les Anglais venaient en France en enlever beaucoup, grâce au prix énorme qu'ils y mettaient ; encore achetaient-ils bien plus de contrefaçons que d'originaux ! Telle femme un peu expérimentée, avoue avoir vendu son doux trésor quatre ou cinq fois ; telle autre qui n'en dit rien, l'a souvent vendu le double de fois. Il se fait à Paris un commerce aussi considérable de ce trésor imité, que de fausses antiques à Rome, où l'on fabrique tous les jours des médailles du deuxième et troisième siècle.

PUDEUR. — Les Grâces ne marchent jamais sans la Modestie et la *Pudeur* : ces deux vierges célestes sont leurs fidelles compagnes.

Pudeur, aimable *pudeur* ! tu tiens lieu de l'innocence, quand l'âge de celle-ci n'est plus, et tu la fais oublier sans regret. Tu doubles les plaisirs ; tu es la source délicieuse d'où ils naissent pour un cœur délicat, car sans toi il n'en existe pas de véritables ; tu es un fard dont une femme, dont Vénus même, reine de la beauté, ne saurait se passer. *Pudeur* adorable ! on t'éleva des autels en Grèce ; de nos jours, on te méconnaît, on dédaigne ton culte, on te sacrifie, sans rougir, au vice déhonté !!

Q.

QUADRATURE (*du cercle*). — Il y a, en Amour, des choses plus difficiles encore à trouver.

QUALITÉ, QUANTITÉ. — Les femmes trop souvent sacrifient le premier mot au second ; cependant, en fait de plaisirs, chez les gourmets :

Non numerantur, sed ponderantur.

QUINTEUX. — Une femme est heureuse lorsque son mari n'est que *quinteux*.

QUOLIBET. — On rencontre encore dans la société, de prétendus beaux esprits, de ces mauvais plaisans qui aiment voir le front d'une femme couvert d'une rougeur pénible, plutôt que de voir naître sur ses lèvres le sourire naïf du plaisir. Ils effarouchent les grâces ; au lieu de les amuser ; ils souillent et déchirent leur ceinture qu'il ne fallait qu'entr'ouvrir et parsemer de roses.

R.

RAISON. — *Voyez l'art. suivant :*

Quoi ! toujours *raison* sévère,
Tu t'oposes à mes désirs,
Et viens troubler mes plaisirs.
Vois-tu cette bougie ? imite sa lumière ;
Elle abime nos jeux et ce charmant repas,
Eclaire nos plaisirs et ne les trouble pas.

C'est en vain qu'on parle ainsi à la *raison* ;

elle est sourde à nos discours, ou plutôt c'est nous qui tombons dans une erreur grossière, car nous ne nous adressons pas à la véritable *raison*. Ce que dans notre enfance on nous dit être la *raison*, n'est qu'un flambeau que le souffle des passions peut éteindre à chaque instant, et qui, dans le temps le plus calme de la vie, ne donne jamais qu'une lumière incertaine qui coûte beaucoup à entretenir : aussi, au nom seul de la *raison*, on croit que les ris prennent la fuite, que la gravité maussade les remplace. C'est une fausse image qu'on se fait. La véritable *raison* n'est que l'art d'éviter les excès, et l'excès tue le plaisir. Elle est donc un raffinement de volupté, puisqu'elle ne nous défend les excès du plaisir que pour jouir plus long-temps des faveurs de l'Amour. J'aime à me représenter la *raison*, sous l'image d'une déité généreuse tenant un bouquet de roses dont elle arrache les épines, pour en respirer le parfum avec plus de sécurité : mais écoutez les conseils qu'elle vous donne par la bouche d'un de ses plus chers interprètes, et vous verrez combien sa morale est pure et aimable :

Voyez les vers suivans :

Privez-vous quelquefois afin de mieux jouir ;
    Mais pourquoi de la vie entière,
    Bannir jusqu'au moindre désir ?
    L'abstinence est pour le plaisir,
Ce que dans un tableau l'ombre est pour la lumière.
Lorsque mon cœur sommeille, abattu de langueur,
    Si la volupté le réveille,
    D'abord je lui prête l'oreille ;
    Puis je consulte la pudeur
Pour savoir si demain je pourrai sans rougeur,
  Me rappeler le bonheur de la veille ;
Et fidelle au plaisir, je vole sur ses pas,
    Quand la vertu ne défend pas
    Ce que la volupté conseille.

RAMPER. — Autant il est humiliant de *ramper* chez les grands, autant il est délicieux de *ramper* aux genoux d'une amante adorée.

RANCUNE. — Les femmes n'en savent pas garder avec celui qu'elles ont aimé véritablement ; elles le pardonnent avec une facilité charmante. Voici des vers qui le prouvent assez bien :

  Ah ! si je voyais le cruel qui m'outrage ,
Disais-je , il connaitrait ce qu'il a dédaigné.
    Pour calmer mon cœur indigné ,
Sans doute , il emploirait son perfide langage ;

Mais l'honneur offensé soutiendrait mon courage;
Il supplierait envain : l'Amour l'a condamné.
　Eh bien ! J'ai revu le volage,
　Il n'a rien dit, et j'ai tout pardonné......

REGARDS. — Messagers habiles du cœur.

RÉGIME. — Dans la langue de la galanterie, *vivre de régime*, veut dire, qu'un homme, fatigué de changer chaque jour de maîtresse, se jette dans la réforme et se contente d'une modeste grisette ou d'une dévote, dont le cœur tendre, vif et délicat, sait ménager un amant, et craint de lasser sa tendresse, par la fréquence des preuves qu'elle modère, aimant en apparence un amant, d'un amour pur et désintéressé.

Dans la langue de l'Amour, *vivre au régime*, c'est se priver de ses plus doux plaisirs pour ne pas altérer sa santé ; mais les amans ne sont guère raisonnables ; témoin celui-ci :

　Mon médecin, chaque jour,
　Sachant que je meurs d'Amour
　Pour la petite Sylvie,
　Me dit que si je la vois,
　En un mois plus d'une fois,
　Il m'en coûtera la vie.

Je me suis mal ménagé :
Vivant au jour la journée,
En quatre jours j'ai mangé
Les douze mois de l'année.

REGRETS. — C'est l'enseigne d'une auberge où mettent pied à terre presque tous les amans revenus de leur pélerinage au temple de l'Amour.

REFUS. — Manière adroite, non de donner, mais de laisser prendre. On n'a rien à se reprocher en agissant ainsi, et tout le monde est content.

REPROCHE. — Voici des *reproches* que faisait une femme à un homme qui médisait du beau sexe : ces *reproches* ne paraîtront pas tout à fait sans fondement :

Avec quelle injustice et quelle atrocité
Vous nous sacrifiez à votre vanité !
Pour faire à notre cœur partager vos faiblesses,
Vous descendez aux plus viles souplesses.
Découvrons-nous le piège ? évitons-nous l'écueil ?
Soudain vous nous taxez de cruauté, d'orgueil.
Ingrats ! il faut vous voir expirer ou nous rendre !
Nous rendons-nous ? tant pis, il fallait nous défendre !.....
Prenez donc un parti : supportez nos refus,
Puisque vous nous aimez, ou ne nous aimez plus.

D'un œil moins prévenu, considérez les femmes;
A travers leurs défauts pénétrez dans leurs ames.
C'est-là qu'est leur beauté ; là brille des attraits,
Dont le solide éclat ne s'efface jamais ;
Là, sitôt que les fleurs de l'Amour sont écloses,
Les fruits de l'amitié se cachent sous les roses ;
Le temps fane les fleurs, mais il mûrit les fruits,
Et la sagesse alors les offre à nos amis.

RENDRE (*se*). — On ne comprend pas trop ce que veulent dire les prudes et les dévotes, quand elles assurent qu'il est impossible de les séduire. Ne se rappellent-elles donc plus que *Ninon* (c'est une autorité qu'on ne saurait récuser) a écrit que depuis l'invention de la poudre il n'y a plus de places imprenables ? Que par conséquent, il est ridicule de s'exposer aux longueurs d'un siège en forme, lorsqu'il est certain qu'après bien des travaux et des désastres il faudra enfin *se rendre* à discrétion...

RESPECT. — Une femme estime celui qui la *respecte*, mais il est rare qu'elle finisse par l'aimer ; au lieu qu'ordinairement, on voit qu'elle ne tarde pas à adorer celui qui a commencé par lui *manquer de respect*... C'est une bien grande science que celle de savoir manquer de *respect*, à propos, au beau sexe !!

Restes. — Les *restes* de l'Amour se servent sur la table de l'Hymen, qui ne laisse pas d'en faire encore ses meilleurs repas.

Retenue. — *Ah ! je vous en supplie, ayez de la retenue !...* Cette jolie phrase, très en usage dans la langue féminine, doit être traduite en français de la manière suivante : « Ah ! mon ami, s'il est vrai que » vous m'aimiez, prouvez-le moi en per- » dant sur le champ toute *retenue* ».

Rêverie. — Douce et délicieuse situation d'une ame remplie d'amour.

Rêves. — Que de rêves font souvent tort à la réalité !

Rêveuse. — Une femme vive et légère, qui devient pensive et *rêveuse*, est bien près d'aimer ! Jeunes amans, hâtez-vous, c'est le moment de vous présenter ; n'en doutez pas, votre triomphe suivra immédiatement votre attaque.

Ridicule. — Homme *ridicule*. Voyez le mot *Mari*.

Rien. — C'est une maxime reçue chez les Jurisconsultes, que, qui ne dit *rien* consent. Elle est encore plus certaine en amour où le silence est un aveu formel. Une belle, pressée de s'expliquer, et qui ne dit rien, en dit assez, e c'est être extrêmement novice que de ne pas en tirer avantage. Ne dire *rien*, c'est dire tout : un regard vif ou languissant, un air embarrassé qui accompagne ce silence, ne permet pas de douter de son énergie.

Rien a encore plusieurs acceptions : *ce n'est rien, c'est mon mari*, dit une femme qui sait son monde.

RIVAL. — Un amant, quoique bien traité, ne laisse pas d'avoir des rivaux à combattre. Un *rival* est alors regardé comme un moyen sûr de tenir un cœur en action, de lui donner de la vivacité, ou de ranimer un indolent qu'il est dangereux de laisser vivre dans une trop grande sécurité. C'est aussi quelquefois un enfant perdu qu'on expose pour déterminer un amant à l'hymenée. C'est une espèce de digue qu'on oppose à un torrent, pour en augmenter la violence.

Rival est aussi quelquefois synonyme d'enchérisseur. Une déesse de l'Opéra est en traité avec un baron Allemand : la femme lui paraît haute, il fait le difficile, il balance, il marchande; pour le déterminer, on fait paraître un *rival* qui va sur son marché; il croit sa tendresse germanique intéressée d'honneur à ne pas céder : il conclut sur le pied qu'on voulait ; il se rend aimable par mille façons touchantes. La déesse ne saurait résister à son penchant, et s'abandonne à son charmant baron, en recevant son quartier d'avance.

ROMANCE. — La *romance* est le chant des amans. Elle peint leurs plaisirs et leurs peines. Quels accens plaintifs dans ceux que cette femme abandonnée, par un perfide séducteur, adresse au fruit malheureux de ses amours!!

Dors, mon enfant, clos ta paupière,
Tes cris me déchirent le cœur :
Dors, mon enfant, ta pauvre mère
A bien assez de sa douleur.

Lorsque par de douces tendresses
Ton père sut gagner ma foi,
Il me semblait, dans ses caresses,
Naïf, innocent comme toi ;
Je le crus ; où sont ses promesses ?
Il oublie et son fils et moi !

Qu'à ton réveil, un doux sourire
Me soulage dans mon tourment ;
De ton père, pour me séduire,
Tel fut l'aimable enchantement ;
Qu'il connaissait bien son empire,
Et qu'il en use méchamment !

Le cruel ! hélas ! il me quitte,
Il me laisse sans nul appui !
Je l'aimais tant avant sa fuite !
Oh ! je l'aime encore aujourd'hui ;
Dans quelque séjour qu'il habite,
Mon cœur est toujours avec lui.

Oui, le voilà ! c'est son image
Que tu retraces à mes yeux !
Ta bouche aura son doux langage,
Ton front, son air vif et joyeux ;
Ne prends point son humeur volage,
Mais garde ses traits gracieux.

Tu ne peux concevoir encore
Ce qui m'arrache ces sanglots.
Que le chagrin qui me dévore
N'attaque jamais ton repos !
Se plaindre de ceux qu'on adore,
C'est le plus grand de tous les maux.

Sur la terre il n'est plus personne
Qui se plaise à nous secourir ;
Lorsque ton père m'abandonne,
A qui pourrais-je recourir ?

> Ah ! tous les chagrins qu'il me donne,
> Toi seul tu peux les adoucir.

> Mêlons nos tristes destinées,
> Et vivons ensemble, toujours,
> Deux victimes infortunées,
> Se doivent de tendres secours.
> J'ai soin de tes jeunes années,
> Tu prendras soin de mes vieux jours.

> Dors, mon enfant, clos ta paupière,
> Tes cris me déchirent le cœur;
> Dors, mon enfant, ta pauvre mère
> A bien assez de sa douleur.

Voyez à présent comme l'Amour respire dans celle-ci ! ne dirait-on pas que le cœur de cet amant va bientôt mourir de plaisir sur le sein de sa bien-aimée?....

> O lit charmant ! où ma Myrthé,
> Dort en paix, quoique sans défense,
> Temple secret de la beauté,
> Va, ne crains rien de ma présence ;
> Je puis trouver la volupté
> Au sein même de l'innocence.

> Laisse-moi poser cette fleur
> Au chevet de ma bien-aimée ;
> Qu'elle en respire la fraîcheur,
> Et qu'une vapeur embaumée
> Prête une nouvelle douceur
> A son haleine parfumée.

O sommeil ! laisse-moi jouir
Du calme heureux où tu la plonges ;
Laisse mon image s'unir
Aux tendres erreurs de ses songes,
Et que sans avoir à rougir
Elle se plaise à leurs mensonges !

Mais, quel transport, en ce moment,
Agite son ame attendrie !
Dieux ! pour qui ce soupir charmant,
Qui meurt sur sa bouche fleurie ?
O ma Myrthé ! c'est ton amant
Qui fait ta douce rêverie.

Que tu dois me voir amoureux
Dans ce songe qui te caresse !
Mais un songe, au gré de mes vœux,
Te peindrait-il donc ma tendresse,
Lorsque moi-même je ne peux
T'en exprimer toute l'ivresse ?

Si jusqu'au retour du soleil,
Baigné de l'air qu'elle respire,
J'osais ici de son sommeil
Partager l'aimable délire !
Si je pouvais à son réveil
Surprendre son premier sourire !

Quand, demi-nue, et rougissant
Du plaisir de se voir si belle,
Elle ira sur son sein naissant
Déployer un voile fidelle ;
Si j'osais, d'un œil caressant,
Chercher les appas qu'il récèle !

Mais non ; de ces vœux indiscrets
Loin de moi l'ardeur égarée !
Dors, ma Myrthé, repose en paix ;
Qu'en cette retraite sacrée
Tout soit pur comme tes attraits,
Timide comme ta pensée.

S'il m'en coûte quelques soupirs
A m'arracher de ta présence,
Je n'y perds pas tous mes plaisirs ;
Sans offenser ton innocence,
J'emporte avec moi mes désirs,
Et les douceurs de l'espérance.

Hélas ! l'infidélité se glisse aux champs comme à la cité. Il est des amans volages parmi les pauvres bergers, comme parmi les riches de la ville. Voici une tendre bergère qui l'avait trop éprouvé ;

Une jeune bergère,
Les yeux baignés de pleurs,
A l'écho solitaire
Confiait ses douleurs.
Hélas ! loin d'un parjure
Où vais-je recourir ?
Tout me trahit dans la nature,
Je n'ai plus qu'à mourir.

Est-ce là ce bocage
Où j'entendais sa voix,
Ce tilleul, dont l'ombrage
Nous servit tant de fois ?

Cet asile champêtre
En vain va refleurir ;
O doux printemps, tu viens de naître,
Et moi je vais mourir !

Que de soins le perfide
Prenait pour me charmer !
Comme il était timide
En commençant d'aimer !
C'était pour me surprendre
Qu'il semblait me chérir.
Ah ! fallait-il être si tendre
Pour me faire mourir !

Autrefois sa musette
Soupirait nos ardeurs ;
Il parait ma houlette
De rubans et de fleurs ;
A des beautés nouvelles
L'ingrat va les offrir,
Et je l'entends chanter pour elles
Quand il me fait mourir !

Viens voir couler mes larmes
Sur ce même gazon ,
Où l'Amour, par ses charmes,
Égara ma raison.
Si dans ce lieu funeste
Rien ne peut t'attendrir,
Adieu, parjure, un bien me reste,
C'est l'espoir de mourir.

Un jour viendra peut-être
Que tu n'aimeras plus,
Alors je ferai naître
Tes regrets superflus ;
Tu verras mon image,
Tu m'entendras gémir ;
Tu te plaindras, berger volage,
De m'avoir fait mourir !

Je ne saurais mieux terminer cet article, déjà long, que par la *romance* suivante, où l'Amour est peint avec tous ses transports et tout son délire :

Je t'aime tant ! je t'aime tant !
Je ne puis assez te le dire,
Et je le repète pourtant,
A chaque fois que je respire !
Absent, présent, de près, de loin,
Je t'aime est le mot que je trouve ;
Seul avec toi, devant témoin,
Ou je le pense, ou je le prouve.

Zélis, je t'aime en cent façons,
Pour toi seule je tiens ma plume :
Je te chante dans mes chansons,
Je te lis dans chaque volume.
Qu'une beauté m'offre tes traits,
Je te cherche sur son visage ;
Dans les tableaux, dans les portraits,
Je veux démêler ton image.

D'AMOUR.

En ville, aux champs, chez moi, dehors,
Ta douce image est caressée,
Elle se fond, quand je m'endors,
Avec ma dernière pensée.
Quand je m'éveille je te vois,
Avant d'avoir vu la lumière,
Et mon cœur est plus vîte à toi
Que le jour n'est à ma paupière.

Absent, je ne te quitte pas,
Tous tes discours je les devine ;
Je compte tes soins et tes pas ;
Ce que tu fais je l'imagine.
Près de toi suis-je de retour,
Je suis au mieux, c'est un délire,
Je ne respire que l'Amour,
Et c'est ton souffle que j'aspire.

Ton cœur est tout mon bien, ma loi ;
Te plaire est toute mon envie ;
Enfin, en toi, par toi, pour toi,
Je respire et tiens à la vie.
Ma bien-aimée, ô mon trésor !
Qu'ajouterai-je à ce langage !
Dieu ! que je t'aime ! eh bien encor !
Je voudrais t'aimer davantage.

Rose. — On sait que, dans l'antiquité, les *roses* étaient sous la protection spéciale de Vénus. St. Jérôme, plus philosophe que galant, en donne la raison dans une de ses lettres : « c'est, dit-il, parce que les feuilles tendres de cette fleur cachent des épines aigues ». S'il eût été le contemporain d'Anacréon, le patriarche des amours eût répondu au père de l'Eglise, dans des vers grecs plus élégant que sa prose, que l'aiguillon de la *rose* est le sel des plaisirs, et qu'une main adroite et délicate sait cueillir la fleur sans toucher aux piquans.

La *rose* est la reine des fleurs : image de la beauté, elle brille et passe aussitôt qu'elle. C'est envain que l'amant, plein d'émotion à sa vue, lui adresse du fond du cœur cette prière anacréontique :

    Tendre fruit des pleurs de l'aurore,
  Objet des baisers du Zéphir,
  Reine de l'empire de Flore,
  Hâte toi de t'épanouir.

    Que dis-je, hélas ! diffère encore,
  Diffère un moment de t'ouvrir ;
  L'instant qui doit te faire éclore,
  Est celui qui doit te flétrir.....

Son éclat et son délicieux parfum disparaît avec le jour qui les vit naître. Le charme secret qui environne la *rose* est pourtant bien puissant ! Le teint des vierges, dit un philosophe (que nous copions), la fraîcheur du matin, la beauté de la jeunesse, l'éclat de l'aurore et du printemps ; tout ce qu'il y a de riant dans la nature se mêle à son image, et son nom seul embellit tout ce qu'il accompagne. La *rose* se marie à toutes nos sensations ; penchée le soir sur sa tige épineuse, elle paraît languissante à l'homme mélancolique, et il trouve dans le tableau qu'elle lui offre, un sujet pour ses rêveries. Celui à qui tout rit dans la vie, contemple avec extase, au milieu du jour, la pureté de ses formes et de ses couleurs, qui lui représentent le bonheur inaltérable dont il jouit. La jeune fille aime à la voir dans toute sa fraîcheur, et à la cueillir le matin, couverte de rosée et entourée de boutons, images fidelles de ceux qui naissent sur son sein ; symbole de l'innocence, de la pudeur, de l'amour, de la volupté, la rose se mêle à tous nos plaisirs.

Roué. — Par ce mot, on entend un homme doué de toutes les qualités de l'esprit et du corps, et dépourvu de toutes celles de l'ame et du cœur. N'ayant pour but que le plaisir, pour principe que les goûts. Ce rôle brillant est court et aisé; il ne faut pour le remplir supérieurement, que beaucoup de suffisance; une fois joué, on rentre dans la foule, et l'on végette le reste de sa vie, inutile à la société que l'on a troublée, et déplaisant à soi-même. Après avoir été l'amant de toutes les femmes on n'en peut plus trouver une seule qui veuille vous aimer sincèrement.

Rouille. — L'indifférence est celle du cœur, et produit sur lui les mêmes effets que la *rouille* sur le fer.

Rupture. — Et quoi! tu veux rompre, disait un amant à sa maîtresse? ah!

> Puisque tu veux que nous rompions,
> Et que prenant chacun le nôtre,
> De bonne-foi nous nous rendions
> Ce que nous avons l'un de l'autre;
> Je veux, avec tous mes bijoux,
> Reprendre encore ces baisers si doux,
> Que je te donnais à centaines;
> Puis, il ne tiendra pas à moi
> Que, de ta part, tu ne reprennes
> Tous ceux que j'ai reçu de toi.

S.

Sacrifices. — Qu'il est doux d'en faire sur les autels de l'Amour ! Le prêtre et la victime meurent et renaissent, sans cesse, de plaisir et de volupté !

Saltimbanque. — L'Amour en joue souvent le personnage. Jeunes fillettes, prenez garde à ses tours, il a plutôt escamoté *une chose*, qu'on ne s'est aperçu qu'elle manque.

Sancta. — Surnom de Vénus. Est-il, en effet, quelque chose de plus *saint* que l'union de deux cœurs qui s'aiment ? La personne de l'objet aimé, n'est-elle pas *sacrée* ? Aux yeux d'une tendre amante, tout autre que son amant, n'est-il pas un profane ? La beauté n'est-elle pas une espèce de *sanctuaire* long-temps interdit à l'œil d'un amant qui ne doit y pénétrer que guidé par l'amour délicat et respectueux ?.....

Sapho. — Si Anacréon est le plus aimable des poëtes, il n'en est pas le plus tendre : il ne fait que jouer avec l'Amour ; ses langueurs et ses transports lui étaient également étrangers ; il n'en connaissait ni les peines, ni les ravissemens, et la nature l'avait placé dans ce juste milieu où le sage Épicurien trouve le bonheur : aussi, ses chansons légères et voluptueuses invitent à la gaîté, provoquent au plaisir, agacent les sens, mais n'arrachent jamais un soupir. Il était réservé à *Sapho*, chez les Grecs, et à l'amante d'Abaillard, parmi les modernes, de peindre l'Amour dans toute son énergie. Héloïse et Sapho ! couple sensible et malheureux ! tout en pleurant sur vos destinées, les femmes vous portent envie; elles ne prononcent jamais vos noms sans verser des larmes d'attendrissement !

Cette fièvre brûlante du cœur, qu'on appelle Amour, fut-elle jamais décrite avec plus de vérité et plus de feu que dans ces accens échappés de l'ame passionnée de *Sapho* !

Heureux qui près de toi, qui pour toi seul soupire;
Qui jouit du plaisir de t'entendre parler ;
Qui te voit quelquefois doucement lui sourire ;
Les Dieux dans son bonheur peuvent-ils l'égaler!
Je sens, de veine en veine, une subtile flamme
Courir par-tout mon corps, sitôt que je te vois,
Et dans les doux transports, où s'égare mon ame,
Je ne saurais trouver de langue, ni de voix.

Un nuage confus se répand sur ma vûe ;
Je ne sens plus, je tombe en de douces langueurs,
Et pâle, sans haleine, interdite, éperdue,
Un frisson me saisit, je tremble, je me meurs...

SECTE. — On divise les amans en deux *sectes*, les Platoniciens et les Matérialistes. Les premiers sont en aussi petit nombre, que les derniers sont multipliés.

SENSIBILITÉ. — O *sensibilité* ! source amère et délicieuse ! source de chagrins et de plaisirs ! Oui, j'en crois l'auteur ingénieux qui a dit que l'Amour te fit naître d'un cœur plein de feu, en le frappant trois fois de sa baguette..... *Sensibilité* ! qui identifie celui qui a le bonheur de te posséder, avec tous les êtres qui souffrent ou qui ont besoin d'appui ! Adorable *sensibilité* ! si les mortels, qui, par tes bienfaits, te doivent le lien le plus fort de la société ; qui te doivent le germe des vertus et des talens que tu mets en eux ; si les mortels sont excusables de diviniser un sentiment, toi seule mérites qu'ils t'élèvent des autels et qu'ils t'offrent chaque jour de nouveaux hommages de tendresse et de reconnaissance ! Amour ! Amour ! pourquoi seras-tu toujours l'idole du cœur humain ? C'est parce que, de tous ses mouvemens, tu es celui dans lequel il entre le plus de *sensibilité*....

SENSITIVE. — Le cœur d'une tendre amante doit avoir toutes les propriétés de cette plante délicate.

SENTIR. — Pourquoi les femmes ont-elles le tact beaucoup plus fin que les hommes ? C'est parce qu'elles ne pensent point, ne raisonnent point, ne jugent point, mais qu'elles sentent vivement.

SÉRAIL. — Superbe prison où l'on ne renferme que les femmes, dont tout le crime est d'être belles, et dont la punition est de plaire à leur geôlier qui est, en même temps, leur bourreau.

Il existe encore d'autres *sérails* que dans l'Orient. En Europe, le temple de l'Hymen est un *harem* dans lequel un homme garde à vue une seule femme.

SÉVÉRITÉ. — La *sévérité* est un voile dont se couvre la coquette raffinée. Un amant novice n'ose pas le soulever, mais un amant qui a fait son cours de galanterie, le regarde comme un talisman employé pour inspirer des désirs plus violens. Une femme sensible ne garde pas long-temps ce voile ; malgré elle son cœur le soulève:

> Et dans le temps que sa bouche
> Vous dit je ne le veux pas,
> Ses yeux vous disent tout bas,
> Je ne suis pas si farouche.

SOLEIL. — L'usage de comparer sa maîtresse au Dieu de la lumière est passé de mode, depuisqu'un poëte malin fit répondre à une femme, qui voulait être comparée au *soleil*:

> Cette coquette m'importune
> Pour qu'on la compare au *soleil* ;
> Il est commun, elle est commune,
> Voilà ce qu'ils ont de pareil.

SONGES. — Sans eux, que de cœurs à plaindre ! combien ne doivent leur bonheur qu'à un *songe* ! et la vie, elle-même, est-elle autre chose qu'un *songe* que l'Amour charme et embellit avec les roses qu'il sème sur la route, hérissée d'épines, que nous sommes condamnés à parcourir !

SONNER. — *Je vais appeler, je vais sonner.* Ne craignez rien, amans ; ne vous effrayez pas au moment même que vos maîtresses vous menaceront de la sonnette ; leur main, leur défaillante main, n'aura point la force de s'en servir.

SOPORATIF. — Voyez *couche nuptiale*.

SOUHAITS. — Un amant ne cesse d'en former. Écoutez les *souhaits* de celui qui composa ces vers, et vous aurez une idée de ceux de tous les amans :

 Que ne suis-je la prairie
Où, sur la fin d'un beau jour,
Tu reposes, ma Sophie,
Sous la garde de l'Amour !
Que ne suis-je le Zéphire
Qui rafraîchit tes appas,
L'air que ta bouche respire,
La fleur qui naît sous tes pas ?

 Que ne suis-je l'onde pure
Qui te reçoit dans son sein !
Que ne suis-je la parure
Qui te couvre après le bain !
Que ne suis-je cette glace,
Où ton miroir répété,
Offre à mes yeux une grâce,
Qui sourit à la beauté ?

 Que ne puis-je, par un songe,
Tenir ton cœur enchanté !
Que ne puis-je du mensonge,
Passer à la vérité ?

> Les Dieux qui m'ont donné l'être,
> M'ont fait trop ambitieux,
> Car enfin, je voudrais être,
> Tout ce qui plaît à tes yeux !

Sourire. — Une femme tendre, sensible, le cœur plein d'Amour, ne rit jamais; elle *sourit*. La Volupté est représentée avec un léger *sourire* sur les lèvres.

Style. — Une femme n'écrirait qu'une ligne qu'on reconnaîtrait aisément la tournure de son esprit. Les femmes en ont une qui leur est particulière ; elles trouvent un choix d'expressions qui ne sont qu'à elles, et que les hommes chercheraient en vain à copier.

Successeur. — Ne soyez jamais le *successeur* d'un amant qui a trompé sa maîtresse ; celle-ci, pour s'en venger, deviendra coquette et vous fera souffrir mille tourmens.

Sulamite. — Voyez dans l'ancien testament, la vie du bon roi David. Sur ses vieux jours, il faisait un grand usage de jeunes *Sulamites* de quinze ans, pour réchauffer ses pieds engourdis par le froid des années.

Sympathie. — Synonyme du véritable amour. Quelle est douce la *sympathie* qui existe entre deux cœurs embrâsés d'amour ! !

SYMPTÔMES. — Pâleur au visage ;
Œil de feu ;
Soupirs fréquens et involontaires ;
Ennui ;
Goût de la solitude ;
Pleurs sans sujet ;
Rêverie ;
Inquiétude ;
Battemens de cœur ;
Le sein agité ;
Langueur ; etc., etc., etc.

Voilà quelques-uns des *symptômes* qui annoncent l'Amour.

T.

TACT. — En affaires de cœur, rien de plus fin, rien de plus sûr que celui des femmes.

TAPIS. — Que la mollesse et le luxe acquièrent à grands frais ces superbes *tapis* d'or et de soie, que le Musulman a tissus ! L'Amour se contente d'un gazon fleuri, d'une douce pelouse, dont la fraîcheur et le parfum ajoutent encore aux charmes de ses plaisirs les plus doux.

TAÏTI. — Nom d'une île fortunée, découverte par M. de *Bougainville*, où l'on n'a pour Dieu que l'Amour, et pour affaire que le Plaisir. Hélas ! ne voyagerons-nous jamais dans cette île bienheureuse !!

TARENTULE. — Espèce de grosse araignée dont le venin est tel, que celui qui en est atteint, tombe dans un grand assoupissement, dont il ne guérit qu'en s'agitant beaucoup.

Si l'on désirait une définition de l'Amour, pourrait-on en trouver une plus précise et plus vraie ! !

TAUPINIÈRE. — Le monde est une vaste *taupinière*, où les hommes marchent à tâtons, en tous sens, se coudoyant, se heurtant, se renversant les uns sur les autres ; l'Amour, aveugle lui-même, en est le roi. Est-il étonnant qu'il s'y fasse tant de bévues ?

TEINT. — Coloris du visage. Jadis on disait figurément : le visage est trompeur. A présent, il faut prendre cette expression à la lettre. Telle femme ne peut dire que son *teint* est à elle, que parce qu'elle en a payé le vermillon factice.

TÉMÉRITÉ. — En guerre, elle fait des héros ; en amour, elle fait des heureux.

TEMPÉRAMENT. — Expression honnête, pour faire passer une chose qui l'est peu. Une femme n'oserait guère avouer, sans rougir, qu'elle a du *tempérament*, et cependant, elle dit, le sourire sur ses lèvres, qu'elle a les passions vives, ce qui est à-peu-près la même chose. Pour donner à nos lecteurs une idée juste d'une femme à *tempérament* ou à *passions vives*, nous allons leur mettre sous les yeux la lettre d'un jeune homme qui raconte une aventure qui lui arriva avec une femme de cette espèce. Cette lettre est imprimée depuis soixante ans, mais elle aura, pour bien des personnes, le mérite de la nouveauté ; et peut-être ne déplaira-t-elle pas aux dames qui la liront, quoiqu'elles soutiennent en public, que la femme qui y est peinte n'a jamais existé. « J'étais
» au bal de l'Opéra ; deux femmes mas-
» quées vinrent m'agacer ; l'une des deux
» me nomma ; je crus la reconnaître ; elle
» fut enchantée de mon erreur et m'y laissa.
» Elle s'empara de mon bras ; nous cou-
» rûmes tout le bal ensemble ; elle en avait

» le jargon, paraissait avoir de l'esprit et
» connaissait toute la terre. . . . .
» Arrivés dans sa maison, elle se démas-
» qua en riant à gorge déployée. Qu'on juge
» de ma surprise quand je vis une femme
» qui ne m'était pas inconnue, et avec la-
» quelle j'avais soupé deux jours auparavant.
» Je passai de la surprise à l'admiration, en
» remarquant des yeux extrêmement vifs,
» de belles dents, une taille de nymphe,
» une peau qui l'aurait disputé à la neige
» et à l'albâtre ; en un mot, un ensemble
» de physionomie capable d'animer le plus
» insensible. Sa femme de chambre, en un
» instant, la déshabilla : elle la renvoya.
» Le négligé charmant dans lequel elle
» resta, fit naître en moi mille désirs. Je ne
» sais s'il elle le connût, mais un moment
» après elle se laissa tomber comme de fai-
» blesse sur un lit de repos, en se plaignant
» de la fatigue du bal, et en me faisant jurer
» que je serais sage. Je me précipitai à ses
» genoux et lui promis tout ce qu'elle vou-
» lut : tout en lui promettant, mes mains
» devenaient entreprenantes ; une épingle
» défaite par hasard me laissa entrevoir une
» gorge admirable, sur laquelle je ne pus

» m'empêcher de porter un baiser. Elle
» voulut m'en punir, en appelant sa femme
» de chambre ; un second baiser lui ferma
» la bouche : insensiblement, mon ardeur
» s'augmenta ; elle parût la partager. Ses
» yeux attachés fixement sur les miens, m'a-
» vertirent qu'il est des circonstances où
» l'on perd l'honneur en ménageant celui
» des femmes. Je suivis leur avis ; j'atta-
» quai ; je triomphai ; elle perdit toute con-
» naissance, excepté celle du plaisir : re-
» venue de sa léthargie, elle entra en fureur,
» me reprocha ma hardiesse, pleura même ;
» je n'en fus point surpris : je lui laissai donc
» exhaler son courroux ; je m'excusai sur ses
» charmes ; je fis retomber sur eux tous les re-
» proches qu'on me faisait. Je rétablis enfin
» la paix dans son ame; je la vis dans ses yeux,
» elle me pardonna. Que je la trouvai dif-
» férente après mon pardon ! Elle devint
» tendre, voluptueuse ; fit de ces folies que
» les grâces ne désavoueraient pas : elle
» parla de ces choses que les femmes aiment
» si fort à traiter, et dont elles feignent de
» rougir. Tout en causant, mes mains er-
» rantes s'amusaient à ces emplois qui ne
» se décrivent pas. Les siennes, sa bouche,

» sa gorge, tout eut un compliment. Ces
» amusemens, qui ne font qu'exciter les dé-
» sirs, firent renaître en nous de nouvelles
» ardeurs ; nous nous en avertîmes par des
» transports mutuels, qui nous conduisirent
» de plaisirs en plaisirs au palais de la Vo-
» lupté, où je fus, pour cette fois, reçu
» avec tous les honneurs. Ah ! mon ami,
» dans ces mouvemens délicieux, pourquoi
» la nature a-t-elle borné nos forces et
» étendu si loin nos désirs ? je m'abandon-
» nai à cette délicieuse ivresse, que l'on ne
» sent point pour trop sentir. Je ne revins
» de mon extase que pour contempler tous
» ses charmes...............................

« Sa femme de chambre entra, qui nous
» servit un chocolat voluptueux. Après l'a-
» voir pris, je ne restai pas long-temps
» dans l'inaction ; elle était dans une de
» ces attitudes qui n'ont pas été inventées
» par la modestie. Sa mule qui tomba, me
» donna l'occasion de prendre de nouvelles
» libertés, et me fournit celle d'admirer
» une jambe parfaitement bien faite, et
» beaucoup d'autres beautés que ma trop
» grande ardeur ne m'avait pas encore per-
» mis d'examiner. Mon culte s'adressa à

» toutes les parties de ma divinité ; tout en
» elle fut pour moi un sujet d'éloge ; tout
» éloge était récompensé par une faveur ;
» ces faveurs me conduisirent au moment
» du sacrifice. Quelle joie ne ressentis-je
» point, quand je m'aperçus que ma déesse
» recevait mon encens avec plus d'ardeur
» que je ne le lui offrais ! Dans le feu de nos
» embrassemens, je ne pus plus douter
» qu'elle n'éprouvât, pour le moins, autant
» de plaisir que moi. Ah ! quel charme,
» quelle ivresse ! rien n'est tel qu'une femme
» qui a du *tempérament*. Ce n'est pas goût,
» c'est passion ; ce n'est pas transport, c'est
» fureur. Il n'est rien de plus délicieux que
» la possession de ces sortes de femmes :
» il faut être bien homme pour goûter tous
» les plaisirs qu'elles sont capables d'ins-
» pirer, etc., etc »......................

TEMPLE. — Il est un *temple* secret que jamais, autrefois, le plaisir ne visitait sans être accompagné par l'Amour. Aujourd'hui il va seul y offrir des sacrifices ; mais aussi il y rencontre souvent la mort au milieu des épines, qui depuis quelque temps croissent jusques dans son sanctuaire avec une abondance effrayante. C'est envain que le fils d'Apollon, le Dieu d'Epidaure, invente chaque jour de nouveaux moyens pour les arracher ; la galanterie se rit de ses efforts et fait repousser, sur le champ, ces dangereuses et cruelles épines.

On trouve dans la Henriade une description du *temple* de l'Amour, où, sous le voile de la fiction, l'auteur montre le danger de s'abandonner aux plaisirs. Nous ne pouvons résister au désir de citer cet admirable morceau ; il répond victorieusement à ceux qui accusent Voltaire de ne pas être poëte.

Sur les bords fortunés de l'antique Idalie,
Lieux où finit l'Europe et commence l'Asie,
S'élève un vieux palais respecté par les temps,
La nature en posa les premiers fondemens ;
Et l'art ornant depuis sa simple architecture,
Par ses travaux hardis surpassa la nature.
Là, tous les champs voisins peuplés de myrtes verts,
N'ont jamais ressenti l'outrage des hivers.
Partout on voit mûrir, partout on voit éclore
Et les fruits de Pomone et les présens de Flore ;
Et la terre n'attend, pour donner ses moissons,
Ni les vœux des humains, ni l'ordre des saisons.
L'homme y semble goûter, dans une paix profonde,
Tout ce que la nature aux premiers jours du monde,
De sa main bienfaisante accordait aux humains,
Un éternel repos, des jours purs et sereins,

Les douceurs, les plaisirs que promet l'abondance,
Les biens du premier âge, hors la seule innocence,
On entend pour tout bruit des concerts enchanteurs
Dont la molle harmonie inspire les langueurs ;
Les voix de mille amans, les chants de leurs maîtresses,
Qui célèbrent leur honte, et vantent leurs faiblesses.
Chaque jour on les voit, le front paré de fleurs,
De leur aimable maître implorer les faveurs ;
Et dans l'art dangereux de plaire et de séduire,
Dans son *temple* à l'envi s'empresser de s'instruire.
La flatteuse espérance, au front toujours serein,
A l'autel de l'Amour les conduit par la main.
Près du *temple* sacré, les grâces, demi-nues,
Accordent à leurs voix leurs danses ingénues.
La molle volupté sur un lit de gazons,
Satisfaite et tranquille écoute leurs chansons.
On voit à ses côtés le mystère en silence,
Le sourire enchanteur, les soins, la complaisance,
Les plaisirs amoureux, et les tendres désirs,
Plus doux, plus séduisans encor que les plaisirs.
De ce *temple* fameux telle est l'aimable entrée,
Mais lorsqu'en avançant sous la voûte sacrée,
On porte au sanctuaire un pas audacieux,
Quel spectacle funeste épouvante les yeux !
Ce n'est plus des plaisirs, la troupe aimable et tendre ;
Leurs concerts amoureux ne s'y font plus entendre:
Les plaintes, les dégoûts, l'imprudence, la peur,
Font de ce beau séjour un séjour plein d'horreur:
La sombre jalousie au teint pâle et livide,
Suit d'un pied chancelant le soupçon qui la guide

La haine et le courroux répandant leur venin,
Marchent devant ses pas un poignard à la main.
La malice les voit, et d'un souris perfide
Applaudit en passant à leur troupe homicide;
Le repentir les suit, détestant leurs fureurs,
Et baisse en soupirant ses yeux mouillés de pleurs.

TOILETTE. — Heureux l'amant admis à la *toilette* de sa maîtresse ! Cette faveur annonce qu'une femme est bien sûre de ses appas, et qu'elle se sent à tous égards la conscience nette.

On trouve dans un ouvrage très-piquant, sur les femmes, la description d'un cabinet de *toilette*, qui mérite d'entrer dans ce recueil :

« Un jour ne suffirait pas pour décrire la dixième partie des choses singulières que je vis alors. Les fards, les pommades, et les masques de nuit, avaient mis à contribution toutes les substances du globe ; *le veau marin* avait envoyé ses dents d'ivoire ; *l'astre de Bérénice* flottait en cent manières ; *la baleine* avait sacrifié les fanons noirs et flexibles qui tapissent sa gueule énorme ; la *gomme élastique*, étendue avec art, se retirait fortement sur elle-même; *le laiton*, tourné en spirale et emprisonné dans des gaines de satin, avait l'air de respirer ; des suspensoirs, des ceintures, des coussinets, variés à l'infini, indiquaient des services plus importans ! Enfin, mille chef-d'œuvres de mécanique et de chimie me parûrent imaginés pour séparer des appas qu'un penchant vicieux rapprochait, ramener des fuyards à leur poste, aligner des hauteurs, combler des vallées, comprimer une trop riche exubérance, ou relever par les mouvemens du sol, la monotonie d'une plaine déserte. Cependant, un petit rideau tendu avec soin me fit soupçonner qu'il cachait derrière lui *des secrets plus intimes*; je sentis mon front se chauffer d'un feu subit ; ma main tremblante n'osa écarter le voile, et je m'éloignai précipitamment. Le Muséum des grâces doit avoir son *index*, comme les grandes bibliothèques du monde chrétien »....

TRIUMVIRAT. — Le Plaisir, l'Amour et la Volupté, forment un *triumvirat* auquel tout ce qui vit et respire est soumis.

U.

User. — *Uti, non abuti*, dit le proverbe latin. Ce proverbe doit être la devise du véritable *Epicurien*.

V.

Vaudeville. — Malheur à deux amans qui perdraient le goût de la romance, pour prendre celui du *vaudeville*.

Végéter. — Vivre sans aimer.

Vénus. — Il y a plusieurs *Vénus*; mais *Vénus* Aphrodite et *Vénus* Calppigie étaient les deux adorées par les anciens avec le plus de ferveur. les Grecs avaient institué, en l'honneur de la première, les fêtes Aphrodisiennes, durant lesquelles les prêtresses qui représentaient *Vénus*, recevaient pour elle le culte et l'offrande du premier amateur bénévole qui se présentait, une pièce d'argent à la main; on lui donnait en échange un phallus et du sel. Les fêtes en l'honneur de *Vénus* Calppigie, quoique célébrées avec moins de pompe et beaucoup plus secrètement que les fêtes Aphrodisiennes, étaient l'objet de la vénération des plus illustres personnages de la Grèce.

On trouve encore, dans quelques parties de l'Italie, des descendans de cette foule de Grecs qui s'y réfugièrent lors de l'invasion des Turcs dans leur patrie, qui conservent religieusement, au fond de leur cœur, un amour de prédilection pour *Vénus* Calppigie, et ses plaisirs bizarres!!

Mais la *Vénus* qui mérite l'hommage de tous les mortels, est celle qui est reine de la Beauté et mère de l'Amour. C'est à cette *Vénus* que Lucrèce, dans un divin transport, a dit: ô *Vénus*!

« Tu parais, et les vents retiennent leurs haleines,
Flore, de ses parfums embaume au loin les plaines,
L'Océan te sourit : plus brillant et plus pur,
Le Ciel revêt pour toi son écharpe d'azur.
Tout naît, tout s'embellit et la terre déploie
Ses tapis éclatans de fraîcheur et de joie.
A peine le printemps, de myrthes couronné,
Étend sur l'univers son sceptre fortuné;
A peine les zéphirs, balancés sur leurs ailes,
Caressent les gazons et les roses nouvelles,
Le peuple ailé des bois, par des chants amoureux,
Consacre ton retour et brûle de tes feux.
Le coursier belliqueux et la brebis timide,
Et le taureau pesant, et la biche rapide,

Par ta puissante voix instruits aux voluptés,
S'élancent sur tes pas l'un vers l'autre emportés.
Ils se trouvent partout, partout ils se désirent :
Ton souffle remplit l'air qu'à longs traits ils res-
　　pirent.
Dans le fond des forêts, dans les antres profonds,
Dans le creux des rochers, sur la cime des monts,
Tout ressent de l'Amour l'incurable blessure....
Le besoin de créer, tourmente la nature ».

VERTU. — Il n'existe qu'une seule *vertu* dont les modifications donnent le jour à mille qualités précieuses, auxquelles on donne le nom de *vertu*; c'est *l'Amour*....

VEUVE. — Être amphibie qui tient un peu de l'état de fille et de celui d'épouse, sans en avoir les inconvéniens : femme heureuse, débarrassée d'une mère acariâtre et d'un jaloux despote ; vrai gibier d'amour :

L'état de *veuve* est une douce chose,
On a plusieurs amans sans que personne en glose,
Et l'on fait justement du soir jusqu'au matin,
Comme ces fins gourmets qui vont goûter le vin.
Sans acheter d'aucun, à chaque pièce on tâte :
On laisse celui-ci de peur qu'il ne se gâte ;
On ne veut pas de l'un, parce qu'il est trop vert ;
Celui-ci trop paillet, cet autre trop couvert :
D'un tel vin la couleur est malade et bizarre ;
Cet autre, dans le chaud, peut tourner à la barre;

L'un est trop plat au goût, l'autre trop pétillant,
Et ce dernier, enfin, a trop peu de montant :
Ainsi, sans rien choisir, on fait de tout épreuve,
Et voilà justement ce que fait une *veuve*.

VIE. — Qu'est-ce que la vie ? Elle commence le jour où nous aimons, et finit le jour où notre cœur devient insensible aux plaisirs de l'amour ; ce qui précède et ce qui suit, n'est qu'un vain songe rempli de tristesse et d'amertume. Voici une description anacréontique de la *vie*, qui mérite de trouver une place dans ce Dictionnaire :

    Nous naissons..... Les amusemens,
Les vagues plaisirs de l'enfance
Viennent bercer nos premiers ans ;
Tout est mort, et l'ame et les sens.
Bientôt la vive adolescence
Accourt, le front paré de fleurs,
Et de ses magiques couleurs
Soudain chaque objet se nuance.

    Par un instinct de volupté,
Le jeu des organes commence :
On sent encor plus qu'on ne pense ;
Le sang coule plus agité ;
Le cœur s'émeut, l'esprit s'élance.
Ce n'est plus cette nonchalance,
Ce regard sans avidité,
Qui semblait, au hasard jeté,

Mourir, avec indifférence,
Sur les trésors de la beauté.
On s'intimide, on se rassure,
On voit avec plus d'intérêt
Les lits de mousse et de verdure :
Dès ce moment, rien n'est muet,
Et rien n'est sourd dans la nature.

Cependant, d'un jour créateur,
Ce n'est-là qu'une faible aurore ;
Il va descendre l'enchanteur,
Par qui l'univers doit éclore !
Déjà, prodigue de ses dons,
Dans les airs déployant ses ailes,
Du haut des voûtes éternelles
Il sème les illusions.
C'est alors, plein d'impatience,
Que l'on croit sortir du tombeau,
Et naître en un monde nouveau
Que l'on s'était créé d'avance.

Les rêves de la jouissance,
En le troublant charment le cœur ;
C'est un songe que la douleur,
C'est un plaisir que l'espérance !
On brûle, on aime avec fureur.
La plus sensible est la plus belle.
Que dis-je ? en sa naïve ardeur,
L'amant trahi, qu'un mot rappelle,
Sous le voile de la candeur
Cache les torts d'une infidelle ;
C'est l'heureux âge de l'erreur.....

La raison vient, et le malheur
Se glisse en secret derrière elle.
....
....
....

VIN. — Trempez dans le *vin* les ailes de l'Amour, vous lui aurez bientôt enlevé toutes ses forces. Son flambeau, éteint dans la coupe de Bacchus, se rallume difficilement. Cependant, le *vin* pris avec modération, mérite le nom de *Lac Veneris*, (lait de Vénus), que lui a donné Aristophane.

Quelques amans se jettent dans les bras de Bacchus pour oublier les rigueurs de l'Amour, mais la recette n'est pas bien sûre ; témoin l'exemple de l'auteur de ces vers :

Envain je bois pour calmer mes allarmes,
Et pour chasser l'Amour qui m'a surpris ;
 Ce sont des armes
 Pour mon Iris,
Le *vin* me fait oublier ses mépris,
Et m'entretient seulement de ses charmes.

Bacchus peut, tout au plus, faire passer quelques momens agréables, lorsque la saison d'aimer s'est enfuie avec la jeunesse ; aussi, un amant s'écriait :

J'ai passé la saison de plaire,
Il faut renoncer aux amours,

Tendres plaisirs, qui faites les beaux jours,
Vous seuls rendez heureux ; mais vous ne durez
 guère.
Bacchus, de mes regrets ne sois point en courroux;
 Regarde l'amour qui s'envole ;
Quel triomphe pour toi, si ton jus me console
 De la perte d'un bien si doux !

VIOLETTE. — Aimable symbole de la modestie.... Femmes, ô femmes ! si vous voulez être adorées, si vous voulez que tous les hommes tombent à vos pieds, prenez leçon de l'humble et timide *violette* ! !

VOILE. — Lorsqu'une femme a laissé tomber aux yeux de son amant ce dernier vêtement de lin, après lequel le temple secret de l'Amour se montre à découvert, elle doit se revêtir d'un *voile* de pudeur et de modestie qui rendra ses faveurs, et plus chères et plus délicieuses:

Amans, respectez l'innocence,
Même au sein de la volupté ;
Que le *voile* de la décence
Ne quitte jamais la beauté.

VOIR. — En terme de ruelle, le verbe *voir* a une signification très-étendue. M^r. J.... voit madame Ch....., veut dire que le mari de madame Ch..... est reçu membre de la confrairie universelle. Ainsi, en ce sens, un aveugle peut aisément *voir* sa maîtresse, pourvu qu'il se porte bien d'ailleurs.

Volcan. — Cœur de vingt ans.

Voleur. — L'Amour est le dieu des *voleurs*; tous les plaisirs qu'il goûte, il les dérobe. A Cythère, il est une loi semblable à celle de Sparte; loin de punir, on récompense l'amant adroit qui sait surprendre quelques faveurs aux belles.

Vue. — *Mallebranche* voyait tout en Dieu; depuis, ô ma bien-aimée! que je vis sous ton empire, je vois tout en toi!

W.

Walse — La *walse*! Ah! c'est bien Vénus et l'Amour qui l'inventèrent, de concert, pour faire goûter à deux amans le plaisir de se réunir sous les yeux même d'un argus incommode, sans craindre d'être troublés. Cette danse a quelque chose de voluptueux qu'on ne saurait exprimer. Les yeux qui se fixent mutuellement, et qui semblent lire jusqu'au fond du cœur; une main fortunée qui se trouve sous un sein virginal et qui en distingue les battemens redoublés; un genou téméraire qui presse celui d'une compagne chérie ; ces tours qui agitent légèrement le corps, et qui font naître, par dégrés, dans tous les sens, mille émotions vives et délicieuses ; tout, dans cette danse enchanteresse porte au plaisir et à la volupté.

Y.

YEUX. — L'Amour voulant enfin terminer la longue querelle qui existe entre les *yeux* noirs, pleins de vivacité et de feu, et les *yeux* bleus, pleins de langueur et de volupté, publia, dans ses vastes états, la déclaration suivante :

Les *yeux* noirs savent mieux briller dans une fête,
Les bleus sont plus touchans à l'heure du berger.
Les *yeux* noirs savent mieux conquérir, ravager,
    Les bleus gardent mieux leur conquête.
Les noirs prouvent un cœur plus vif, mais plus léger,
Les bleus un cœur plus tendre, et moins prompt à changer.
Les noirs lancent mes traits ; les bleus ma douce flamme ;
Les noirs peignent l'esprit, et les bleus peignent l'ame.

On trouvera sans doute de la partialité dans cette décision de l'Amour; mais il faut croire que ce Dieu volage avait été gagné par quelque belle. Qui sait, lorsqu'il prononça son jugement, s'il n'avait pas devant lui Madame B. C....., qui a dans ses *yeux* noirs une vivacité charmante, et Madame A....., dont les beaux *yeux* bleus, chargés d'une douce langueur, expriment le sentiment et le font naître dans tous les cœurs ? Si cela est vrai, il était bien difficile alors qu'il ne fît pas pencher la balance du côté de Madame A......

Z.

Zèle. — Rien n'égale l'aimable *zèle*, le *zèle* plein de chaleur qu'une femme sensible met à obliger. Elle court, elle vole, même pour un inconnu. Et lorsqu'elle trouve l'occasion de servir son amant ! ah ! c'est alors qu'elle paraît douée d'une force surnaturelle. Son *zèle* l'emporte ; les obstacles, loin de les diminuer irritent ses désirs ; elle ne connaît le repos que quand elle est parvenue à faire réussir les choses les plus difficiles. Aussi, pourrions-nous ne pas adorer ce sexe enchanteur ? Pourrions-nous ne pas lui consacrer nos plus belles années ?

D'AMOUR.

Ah ! la nature entière nous fait la douce loi d'aimer :

>L'eau qui caresse le rivage,
>La rose qui s'ouvre au zéphir,
>Le vent qui rit sous le feuillage,
>Tout dit qu'aimer est un plaisir.
>De deux amans, l'égale flamme,
>Sait doublement les rendre heureux ;
>*Les indifférens n'ont qu'une ame ;*
>*Mais, lorsqu'on aime, on en a deux.*

ZÉPHIR. — Synonyme de l'Amour, dans nos grandes villes. En effet, gracieux et léger comme le *Zéphir*, il caresse toutes les fleurs et ne se fixe sur aucune. Comme le *Zéphir*, il survit rarement à la belle saison ; il n'a pas assez de force pour braver les orages de l'automne et les frimats de l'hiver : il disparait avec le printemps qui l'a fait naître. Les grandes passions, les attachemens durables ne sont point en son pouvoir ; il ne préside qu'aux caprices de la coquetterie, aux fantaisies de la mode. Il ne rend pas heureux ; mais il amuse, et cela suffit à bien des femmes.

ZÉRO. — Un mari, ou un être quelconque sans amour.

ZIGUE-ZAGUE. — C'est le nom d'un lieu de plaisir, à quelques pas d'Yvetot, ville de Normandie. Espèce de labyrinthe dans lequel le fil de la sagesse est sujet à se rompre entre les mains des *Cauchoises* jolies. On dit que bien des femmes, qui ont eu la fantaisie de visiter ce labyrinthe, ont éprouvé le même malheur que les *Cauchoises*.

FIN.

TABLE DES MATIERES.

Dédicace,	pag. v.
Avis de l'Éditeur,	vij.
Avant-propos,	xij.
Introduction,	xiij.
Le Sacrifice de l'Amour,	17.
Sermon prêché à Gnide,	49.

DICTIONNAIRE D'AMOUR.

A.

A, B, C,	p. 67.	Alarmer,	p. 76.
Abandonner,	id.	Alcove,	id.
Abbé,	68.	Algèbre,	77.
Abeille,	69.	Alliage,	id.
Abominable,	id.	Almanach,	id.
Abord,	id.	Amans,	id.
Absence,	70.	Amante,	79.
Absens,	id.	Amaranthe,	82.
Abuser,	id.	Ambroisie,	id.
Accessoires,	71.	Ami,	id.
Accorder,	id.	Amie,	83.
Accroire,	72.	Amitié,	id.
Acidalie,	id.	Amour,	id.
Actrices,	id.	Amour (divinité),	84.
Adieux,	73.	Amoureux,	86.
Adorateur,	id.	Anachronismes,	id.
Adorer,	74.	Analyse,	id.
Affaire,	id.	Anatomiser,	id.
Affront,	id.	Anémone,	id.
Age,	id.	Angoisses,	87.
Agnès,	75.	Antidote,	id.
Agrémens,	id.	Apathie,	id.
Ah!	id.	Apostille,	id.
Aimer,	76.	Apparence,	id.
Aisance,	id.	Appas,	id.
		Après,	id.

Argent,	p. 87.	Besace,	p. 104.
Argus,	88.	Besogne,	id.
Arrhes,	89.	Besoin,	id.
Art,	id	Bien-aimé,	id.
Aspasie,	id.	Bienfait,	105.
Assiduités,	id.	Bienséance,	id.
Attachement,	id.	Bigotte,	id.
Attendrissement,	90.	*Bis*,	106.
Attente,	id.	Bloc,	id.
Atrabilaire,	91.	Blonde,	id.
Attraits,	id.	Bonheur,	107.
Attraper,	id.	Bouche,	109.
Audace,	id.	Boudoir,	id.
Aurore,	id.	Boule,	id.
Auteurs,	id	Bouquet,	id.
Avantageux,	id.	Bourrasques,	id.
Avant-propos,	id.	Bracelets,	id.
Avare,	92	Brouillerie,	id.
Avertissement,	id.	Brune,	110.
Aveu,	id.	Brusquer,	id.
Avis,	id.	Bruyant,	id.
Avocat,	93.	But,	111.
Axiome,	id.	Buveur,	id.

B.

C.

Babil,	p. 93.	Cacher,	p. 111.
Badin,	id.	Cadeau,	id.
Badiner,	94.	Cage,	id.
Bagatelle,	id.	Caillette,	112.
Bail,	id.	Calendrier,	113.
Baillemens,	95.	Campagne,	id.
Baisers,	id	Candeur,	id.
Balbutier,	98.	Cantique,	114.
Ballade,	id.	Caricature,	119
Bandeau,	101.	Carnaval,	id.
Banquet,	id.	Cause,	id.
Barbare,	id.	Censitaire,	120.
Baume,	id.	Chansons,	id.
Bayadères,	102.	Charmes,	126.
Beauté,	103.	Cheminée,	127.
Belle,	id.	Cher,	id.
Berceau,	id.	Chien,	id.

DES MATIÈRES.

Chimère,	p. 128.	Désir,	p. 150.
Chute,	id.	Désirs,	id.
Circonstances,	id	Détails,	id.
Cœur,	id.	Deucalion,	151.
Collége,	129.	Deux,	152.
Colombes,	id.	Devise,	id.
Combats,	id.	Devoir,	id.
Complaisance,	id.	Dévote,	153.
Confession,	130.	Id. (fausse).	154.
Confident,	133.	Diable,	155.
Confrairie,	134.	Directeur,	156.
Conque de Vénus,	id.	Donner,	157.
Conquêtes,	id.	Douceur,	158.
Conseil,	135.	Doucereux,	id.
Consentement,	141.	Dupe,	159.
Consigne,	id.	**E.**	
Consolateur,	143.	Ecole.	159.
Consonnance,	id.	Ecrire,	id.
Constance,	id.	Electricité,	160.
Contrat,	id.	Elégant,	id.
Conversation,	id	Eloquence,	id.
Coquette,	id.	Embarras,	id.
Id. (vertueuse),	145.	Emotion,	161.
Cosmopolite,	146	Empire,	id.
Courant,	id.	Emploi du temps,	id.
Croire,	id.	Encore,	162.
Cruauté,	147.	Enfer,	id.
Cruelles,	id.	Engagement,	163.
Curiosité,	id.	Enigme,	id.
D.		Enlaidir,	id.
Danse,	p. 148.	Enthousiasme,	id.
Décence,	id.	Entretien,	164.
Déclaration,	id.	Epanchement,	id.
Dédale,	id.	Epicure,	165.
Défaut,	149.	Epouvantail,	id.
Délicieux,	id.	Epoux,	166.
Demain,	id.	Espérance,	id.
Déplaire,	id.	Estime,	id.
Déraisonner,	id.	Eternité,	167.
Dérober,	150.	Etrangère,	id.
Désespérer,	id.	Eventail,	id.

Excès,	p. 167.	Grimaces,	p. 185.
Excuse,	id.	Grisettes,	id.
Expédient,	id.	Grondeur,	187.
Expressif,	id.	Guérison,	id.
Extase,	168.	Guerre,	id.
Extérieur,	id.	Guerrier,	id.
Extorquer,	id.		

F.

Faiblesses,	p. 168.		
Fantaisie,	id.		
Fard,	169.		
Faubourgs,	id.		
Faveurs,	id.		
Femme,	170.		
Femmes,	171.		
Fenêtre,	175.		
Fidelle,	id.		
Figure,	176.		
Fille,	id.		
Finirez-vous ?	id.		
Flambeau,	id.		
Fleurs,	177.		
Fou,	178.		
Fougère,	id.		
Frémissement,	179.		
Fripon,	id.		
Futur,	id.		

H.

Ha !	p. 187.
Habit,	188.
Habitude,	id.
Haïr,	id.
Haleine,	id.
Hébé,	id.
Hélène,	189.
Héloïse,	id.
Hiétax,	190.
Hommage,	191.
Honnête-femme,	192.
Honneur (l'),	id.
Honores (ad),	193.
Houris,	id.
Hymen,	id.
Hypocrite (*femme*),	194.

G.

Gage,	p. 179.
Galant,	180
Galante (*femme*),	id
Galanterie,	182
Gazette,	id.
Généalogie,	id.
Genoux,	id.
Geste,	183
Glaner,	id.
Gothique,	id.
Grâces (les),	184.
Gradations,	185.
Gratis,	id.

I.

Iarbas,	p. 195.
Illusion,	id.
Imagination,	196.
Impuissance,	id.
Inconstance,	id.
Indifférence,	id.
Indigence,	id.
Ingénuité,	id.
Injure,	197.
Innocence (*robe d'*),	id.
Inquiétude,	id.
Insensibilité,	198.
Insipide,	id.
Insociable,	id.
Intention,	id.
Intérêt,	id.

DES MATIÈRES.

Intrigue,	p. 199.	Malheur,	p. 210.
Ivresse,	id	Malice, malignité, manège,	211.

J.

Jaloux,	p. 200.	Mal-mariés,	id.
Jardins,	id.	Maman,	id.
Je ne sais quoi,	201.	Manteau,	id.
Jeu,	id.	Mappemonde,	id.
Jeunesse,	id.	Marbre,	212.
Jeux innocens,	id.	Marchander,	id.
Joueur,	202.	Mari,	id.
Joug,	id.	Marier (se),	215.
Jouissance,	id.	Matérialiste,	216.
		Médire,	id.

L.

Labyrinthe,	p. 202.	Médisance,	217.
Lacets,	id.	Méfiance,	id.
Laide,	203.	Mélancolie,	id.
Langue,	id.	Mélisse,	218.
Langueur,	id.	Mesquinerie,	id.
Languir,	id.	Métamorphose,	219.
Lapin,	204.	Métempsycose,	id.
Larmes,	id	Milieu,	220.
Léontium,	id.	Minauderies,	id.
Lettres,	205.	Minute,	id.
Libertin,	206.	Miroir,	id.
Licences,	id.	Mode,	id.
Lièvre,	207.	Mode (homme à la),	id.
Lit,	id.	Modeste,	221.
Locataire,	id.	Modestie,	id.
Loterie,	id.	Moineaux	222.
Louange,	id.	Moitié,	id.
Loupe,	208.	Moment,	id.
Lunettes,	id.	Monotonie,	id.
Lys (le),	id.	Monstre.	223.
		Morgue,	id.

M.

Machine,	p. 208.	Mort,	id.
Magicienne,	209.	Mourir,	id.
Magot,	id.	Musulmans,	id.
Maintien,	id.	Myrte,	224.
Mais,	id.	Mystère,	225.
Maîtresse,	id.		
Mal d'amour,	id.		

N.

		Naissance,	p. 225.

Naturalisation,	p. 225.	Petite-Maîtresse,	p. 239.
Nature,	226.	*Phallus*,	240.
Négligé,	id.	Physique (*plaisir*),	243.
Nez,	227.	Piège,	244.
Niaiseries,	id.	Plaire,	id.
Noce,	id.	Plaisir,	id.
Non,	228.	Platon,	245.
Notaire,	id.	Poëme,	id.
Nourriture,	id.	Portrait,	255.
Nouveauté,	229.	Promenades-publiques,	id.
Nu,	id.		
Nuage,	id.	Propreté.	id.
Nuit,	id.	Proverbe,	id.
Nuptiale (*couche*),	id.	Prude,	id.

O.

		Pucelage,	256.
Obligeant,	p. 230.	Pudeur,	257.
Obliger,	id.		

Q.

Oiseaux,	id.	Quadrature,	p. 257.
Ombrageux,	231.	Qualité, quantité,	258.
Opinion,	id.	Quinteux,	id.
Opium,	id.	Quolibet,	id.
Ora,	id.		

R.

Oreille,	id.	Raison,	p. 258.
Oreiller,	232.	Ramper,	260.
Ornemens,	id.	Rancune,	id.
Orthographe,	id.	Regards,	261.
Oui,	id.	Régime,	id.
Outrage,	233.	Regrets,	262.
		Refus,	id.

P.

		Reproche,	id.
Paix,	p. 233.	Rendre (se),	263.
Palpiter, pâmer,	234.	Respect,	id.
Paradis,	id.	Restes,	264.
Paresse,	237.	Retenue,	id.
Parfait,	id.	Rêverie,	id.
Pas,	id.	Rêves,	id.
Passion,	238.	Rêveuse,	id.
Pathétique,	id.	Ridicule,	id.
Patience,	id.	Rien,	id.
Pensée,	id.		
Périphrase,	239.	Rival,	265.
Persuasion,	id.	Romance,	266.

Rose,	p. 273.	Teint,	p. 285.
Roué,	275.	Témérité,	286.
Rouille,	276.	Tempérament,	id.
Rupture,	id.	Temple,	290.
		Toilette,	293.

S.

Sacrifices,	p. 277.	Triumvirat,	294.
Saltimbanque,	id.		
Sancta,	id.		

U.

Sapho,	id.	User,	p. 295.

V.

Secte,	279.	Vaudeville,	p. 295.
Sensibilité,	id.	Végéter,	id.
Sensitive,	280.	Vénus,	id.
Sentir,	id.	Vertu,	297.
Sérail,	id.	Veuve,	id.
Sévérité,	id.	Vie,	298.
Soleil,	281.	Vin,	300.
Songes,	id.	Violette,	301.
Sonner,	id.	Voile,	id.
Soporatif,	282.	Voir,	id.
Souhaits,	id.	Volcan,	302.
Sourire,	283.	Voleur,	id.
Style,	id.	Vue,	id.
Successeur,	id.		

W.

Sulamite,	id.	Walse,	p. 302.
Sympathie,	id.		

Y.

Symptômes,	284.	Yeux,	p. 303.

T. **Z.**

Tact,	p. 284.	Zèle,	p. 304.
Tapis,	id.	Zéphir,	305.
Taïti,	285.	Zéro,	id.
Tarentule,	id.	Zigue-Zague,	306.
Taupinière,	id.		

FIN DE LA TABLE.

ERRATA.

Pag. 21, lig. 10. Où habitent tous les plaisirs et toutes les voluptés, *lisez :* où l'on goûte des plaisirs et des voluptés.

Pag. 23, lig. 5. Tes volontés, ô aimable maître de nos ames! *lisez :* tes volontés, ô aimable maître de nos ames!

Pag. 23, lig. 17. Qui vient, *lisez :* qui viens.

Pag. 25, lig. 11. Remord, *lisez :* remords.

Pag. 26, lig. 22. Fléchissent, *lisez :* fléchirent.

Pag. 27, lig. 17. Sans aucun, *lisez :* sans que pas une d'elles.

Pag. 38, lig. 22. Mon regard éteint se ranimer aux portes du trépas, pour s'arrêter encore sur elle, *lisez :* mon regard mourant, se ranimer aux portes du trépas, et, prêt à s'éteindre pour jamais, s'arrêter encore sur elle avec délices.

Pag. 41, lig. 10. Faible, *lisez :* folle.

Pag. 58, lig. 20. Nuit, *lisez :* mue.

Pag. 70, lig. 10. Des, *lisez :* de.

Pag. 77, lig. 19. Aimante, *lisez :* sensible.

Pag. 78, lig. 18. Surnature, *lisez :* surnaturel.

Pag. 99, lig. 19. Suite de la ballade : *supprimez ces quatre mots.*

Pag. 119, lig. 2. De, *lisez :* du.

Pag. 176, lig. 1. Les plaisirs, *lisez :* ses plaisirs.

Pag. 177, lig. 6. Quand on aime l'odeur embaumée d'une simple fleur, elle réveille les sens, elle répand dans l'ame, *lisez :* quand on aime, l'odeur embaumée d'une simple fleur réveille les sens, répand dans l'ame, etc.

Pag. 114, lig. 4. Je pense, *lisez* : nous pensons.

Pag. 198, lig. 20. Pour connaître, *lisez* : pour en connaître.

Pag. 258, lig. 5. Non numer antur : *lisez* : *non numerantur*.

Pag. 274, lig. 6. Elégant, *lisez* : élégans.

Pag. 274, lig. 23. Disparait, *lisez* : disparaissent.

Pag. 276, lig. 20. Reprendre *encore* ces baisers, *lisez* : reprendre ces baisers.

AVIS AU RELIEUR.

1°. A la feuille 2, remplacez le carton, pages 13, 14, 35 et 36, par celui portant la même signature.

2°. Remplacez le carton, pages 19, 20, 29 et 30, par celui qui est marqué 2 *bis*.

3°. Remplacez le carton portant, les *folios* 43 44, 53 et 54, par le carton 3 *bis*.

A BORDEAUX,

De l'Imprimerie de LAWALLE jeune, allées de Tourny, n° 20.

www.ingramcontent.com/pod-product-compliance
Lightning Source LLC
Chambersburg PA
CBHW071254160426
43196CB00009B/1286